아들아,
거기에서
나와라

이완순 칼럼집

오늘의문학사

국립중앙도서관 출판시도서목록(CIP)

아들아, 거기에서 나와라 : 이완순 칼럼집 / 지은이: 이완순
. -- 대전 : 오늘의 문학사, 2015
p. ; cm

표지표제: 아들아, 거기에서 나와라 : 無恤 이완순 칼럼
ISBN 978-89-5669-672-0 03810 : ₩18000

한국 사회[韓國社會]
칼럼집[--集]

304-KDC6
300.2-DDC23 CIP2015008713

아들아,
거기에서
나와라

韓民族(한민족)의 부활을 꿈꾸며

韓民族(한민족)이 가장 융성했던 때가 배달 조선이었다. 모든 국민이 天孫思想(천손사상)과 弘益理念(홍익이념)으로 무장하여 華河族(화하족, 현재의 중국)도 감히 우리 땅을 넘보지 못했다. 그러나 고구려의 멸망으로 韓文化(한문화)가 쇠퇴의 길을 걸으면서 기가 꺾이고, 일제강점을 시작으로 허무하게 주저앉고 있다. 맘모니즘에 오염된 허접한 서양문화가 들어와 반만년을 이어온 충효를 먹어치웠다. 경쟁을 부추기는 신자유주의까지 끼어들어 계층갈등이 심화되고, 더러운 천민자본주의의 세뇌공작으로 재물을 믿고 관계를 죽이고, 관계를 믿고 양심을 죽인다.

무너지고 있는 韓民族(한민족)의 시간을 보며 안타까운 심정으로 한국문학신문과 금강일보에 매주 칼럼을 게재했다. 불의에 대한 저항은 민주주의의 맥박이며, 특권과 반칙이 지배하는 사회를 거부하는 것은 민주시민의 의무이기 때문이다.

역사를 알지 못하면 미래를 바로보지 못한다. 그러므로 韓民族(한민족)의 부활을 꿈꾸며 써온 삼년 동안의 칼럼과 수필을 모아 수상록 "아들아, 거기에서 나와라."를 간행한다. 야훼께서 이스라엘인에게 출애굽을 명한 것처럼 하느님이 식민사관과 맘몬에 잡혀 노예적인 삶을 사는 한민족에게 하루빨리 그 죽음의 문화에서 벗어나라고 외치신다. 우리 모두의 가슴에 천손사상이 다시 각인되고, 선비정신이 부활하면 어렵지 않게 남북통일을 이룰 수 있고, 통일을 이루면 우리는 곧 조선과 고구려의 영광을 재현할 수 있다.

제 1부. "일본을 넘어야 길이 있다"는

친일식민사관과 친일파 척결의 당위성을 피력하고,

극일이 민족번영의 첩경임을 밝혔다.

제 2부. "생각에 생각을 더하다"는

역사에 대한 나의 열정과

한문화의 흔적을 찾아 차근차근 서술했다.

제 3부. "無恤(무휼)이 바라본 세상"은

허무주의를 극복하고 바라본 세상을

어루만지듯 그렸다.

제 4부. "민족번영의 단초, 통일"에는

통일의 당위성을 말하고,

한민족의 부활을 꿈꾸었다.

제 5부. " 꿈이 주저앉다"는

정치권을 겨냥한 독설이라기보다

정치적 지형을 바꾸기 위한 새로운 시도였다.

제 6부. "指鹿爲馬(지록위마)의 세월"은

이명박근혜 정부의 실정에 대한 소회와

안타까운 심정으로 세월호 참사를 바라봤다.

항상 뜨거운 사랑과 격려를 아끼지 않은 원로작가들에게 뜨거운 감사를 드린다. 부족함을 인지하면서도 이렇게 삼년을 이끌어 온 힘은 모두 선생님들의 관심과 격려에서 나왔다. "아들아, 거기에서 나와라"가 찬란한 韓民族의 부활에 크게 보탬이 되기를 소망한다.

차례

제2부 ▌ 생각에 생각을 더하다

제3부 ▌ 無恤(무휼)이 바라본 세상

제4부 ▌ 민족번영의 단초, 통일

제5부 ▮ 꿈이 주저앉다

제6부 指鹿爲馬(지록위마)의 세월

제1부

일본을 넘어야 길이 있다

위기에서 민족을 구한 사람들

중원을 점령했던 선비족(수), 거란족(요), 여진족(청)이 모두 한족에 동화되어 지금은 흔적이 없다. 그러나 단군조선 이후에는 한 번도 중원을 점령한 적이 없고, 오히려 그들의 말발굽에 수없이 짓밟힌 우리 민족은 그렇게 많은 외침을 당했으면서도 건재하며 마침내 한류가 전 세계를 점령했다.

우리 민족의 이러한 저력은 어디에서 나오는 것일까? 사대 · 모화사관이나 식민사관에 젖은 어용 사학자들은 어떠한 난관에서도 좌절하지 않고 당당하게 극복하는 우리 민족의 힘과 용기를 인정하지 않고 사대외교로 강국의 외침을 막아냈다고 한다. 논리적 타당성이 결여된 식민사관의 사설(邪說)이다. 우리 민족은 단 한 번도 안보를 구걸한 적이 없다. 인조의 반정이라든지 이성계의 위화도 회군과 같은 자신의 정치적 야망을 위해 민족의 융성기회를 놓친 안타까운 사건이 없었다면 우리 민족은 지금보다 훨씬 더 강성했을 것이다. 몰락하고 있는 원과 새로운 강자로 떠오르는 명의 전쟁에서 명과 손을 잡고 원을 무너뜨렸다면 잃어버린 고구려의 옛 강역을 되찾을 수 있었고, 매판세력에게 광해임금이 축출되지 않고 명과 청 사이에서 현명한 외교정책을 폈다면 병자호란과 삼전도의 치욕이 없었을 것이다.

우리 민족의 장구함은 사대외교나 지배층의 선정에서 나온 것이 결코 아니다. 절대적으로 국민에게서 나왔다. 외세에 눌려 왕조가 항복하는 일이 수없이 반복됐지만, 국민은 한 번도 무릎을 꿇은 적이 없다. 백제와 고구려의 부흥운동, 발해건국, 삼별초 대몽항쟁, 임진왜란의 의병, 독립운동, 등 민중항쟁이 헤아릴 수 없이 많다. 왕조나 위정세력이 항복한 뒤에도 우리 국민의 항쟁은 계속 되었다. 승리를 점칠 수 없고, 전혀 미래를 장담할 수 없는 계란으로 바위치기식의 항쟁이었을지라도 항복하거나 항쟁을 중도에 포기한 적이 없다.

삼별초의 대몽항쟁은 1270년 6월부터 1273년 2월까지 2년 반 동안 지속되었다. 배중손을 중심으로 한 좌별초, 우별초, 신의군의 삼별초는 최씨 정권을 반대하던 양반과 노비, 천민들이 대거 가담하여 병력이 만여 명에 이르렀다. 몽고군에 의해 중앙 수비군이 무너지자 개경 환도를 반대하며 대몽항쟁의 중심군이 되었다.

1592년부터 1598년까지 2차에 걸쳐 침입한 일본군을 막아낸 것도 자발적인 의병이었다. 파죽지세로 몰려오는 일본군에 밀려 선조가 궁을 버리고 북으로 몽진을 떠났을 때에도 의병활동은 계속되었다. 양반에서 천민에 이르기까지 계급이나 신분의 차이가 없었다. 의병의 바탕은 민족적 저항의식이며 유교의 도덕적 교훈인 근왕정신이었다. 전국의 의병 총 수는 관군의 1/4에 해당하는 2만 3천명이나 되었고 대부분 자신의 향리에서 봉기하였으므로 지리에 밝아 혁혁한 전공을 세울 수 있었고 장렬하게 전사한 의병장도 많았다.

일본에 대한 항쟁은 지금도 계속되고 있다. 독도수호에 일본제품 불매운동의 칼을 빼든 골목상권 살리기 소비자연맹의 진군을 보라. 우리 국민의 나라사랑은 결코 나약하지 않다. 일제강점에 대항하다 산화한 의병의 수가 50만 명이 넘는다. 국내에서의 항쟁이 힘에 부치자 만주로 건너가 힘을 기르고 일본군의 배후를 쳤다. 김좌진 장군의 서거로 애석하게 미완의 전쟁으로 끝났지만 청산리 전투의 승리는 세계 전쟁사에 길이 남을 승전이었다. 윤봉길 의사의 홍구 공원 폭탄투척은 잠든 중국을 흔들어 깨웠고, 그 정신은 지금도 계속되고 있다.

국난이 있을 때마다 우리 국민은 가정을 내던지고 국가를 사수하는 일에 전력투구했다. 문제는 항상 이기주의에 빠진 기득권층이었다. 살신성인까지는 바라지 않더라도 지도자라면 국가를 위해 최선을 다해야 함에도 불구하고 권력층은 항상 그러지 않았다. 국민과 소통하지 못하고 국민을 밟고 서서 군림하는 위정자의 실정으로 수많은 외침을 초래했고, 국민의 희생으로 국권을 회복하는 고난의 행군이 계속되었다. 이제 그 악순환의 고리를 과감히 끊어야 한다. 새 정부 지도자들에게 간곡히 청원한다. 사심을 버리고 그 빈자리를 애국심으로 채워라! 국가와 민족이 있어야 당신들의 권력도 존재한다.

(2013. 3. 2.)

克日의 길

극우파 아베가 이끄는 자민당이 총선에서 압승하자 평화헌법의 개헌을 모색하고, 시마네 현의 "다케시마의 날" 행사에 차관급인 영토문제 담당 정무관을 참석시켜 사실상 국가행사로 치루는 등, 드러내놓고 군국주의의 부활을 획책하고 있다. 식민통치에 대하여 전혀 사죄하지 않은 일본정부는 극우파가 독도를 일본 땅이라고 주장하는 것도 모자라 이제 독도가 일본영토라고 기록한 2012년 외교청서를 발간했다.

독도는 우리나라가 실효적 지배를 하고 있는 우리의 국토이며, 역사적으로도 독도가 일본 영토라는 기록은 없다. 우리나라 문서뿐만 아니라 과거 일본정부가 제작한 일본 공식지도에도 독도가 전혀 존재하지 않는다. 8세기에서 16세기까지 공식지도로 사용된 교키도에도 없다. 17세기 서양지도 기법을 도입한 "포르트라노 지도, 1612년 에도막부가 제작한 일본 최초의 공식지도인 "케이초 일본도"에도 독도는 없다. 1655년 교호 일본지도, 1702년 겐로쿠 일본지도, 1717년 교호 일본지도, 1821년 대일본 연해여지전도, 일본 참모국이 작성한 1877년 대일본 전도에도 독도가 없는데, 독도가 일본 땅이라는 저들의 주장은 한 치도 물러섬이 없다.

종군성노예(위안부라는 표현은 부적절한 용어)도 일본군부가 주도한 것이 사실이다. 1932년 상하이 사변 후, 일본군의 강간행위가 빈발하자 그 대책으로 오카무라 야스지 중장이 나가사키의 지사에게 군대 위안부 유치를 요청했으며, 1937년 난징대학살 사건 때 일본군이 일반 시민을 강간하는 악행이 계속 발생하고, 군인들에게 성병이 창궐하자 이를 예방하기 위하여 조선 여성을 종군 위안부로 강제차출하기 시작했다. 종군성노예의 규모는 17~20만 명으로 추산되며, 이 중 80%가 조선 여성이었다는 사실은 부정할 수가 없다.

동해표기에 대해서도 일본은 역사를 무시하고 자기주장만 일삼는다. 2012년 4월 23일~27일 지중해 연안 도시국가 모나코에서 개최한 국제수로기구총회(IHO)에서 일본은 해도집 "해양과 바다의 경계"에 동해를 병기하는 것에 대해 완강히 반대했다. 그러나 국내외 시민단체와 한인회 대표들이 모나코까지 직접 날아와 열렬히 성원했고, 남북 공조가 확실히 이루어져 일본해로 단독 표기한 해도집 발간을 지지했다. IHO 회원국들이 일본해로 표기한 S-23, 3판을 더는 기준으로 삼을 수 없다는 결정을 내린 것은 남북이 국제수로기구총회에서 이룬 가장 큰 성과라고 할 수 있다.

일본을 저대로 두어서는 안 된다. 일본을 넘어야 길이 있다. 일본의 망발을 초기에 제압하지 못하면 반드시 잔악한 후환이 뒤따른다. 일본에는 정의라는 것이 없다. 치욕적인 역사적 사실에 대한 피해망상이 깊어져 집단적 편집증에 걸린 것이라고 생각된다. 일본이 지금까지 우리에게 이렇게 적대적인 이유도 고구려와 백제가 고대 일본을 정벌하여 식민화하고, 스스로 천황이 되어 신이라 칭한 것에 대한 앙갚음일 것이다.

극일의 첫걸음은 친일파 척결에서 시작되어야 한다. 우리나라의 친일파 처벌은 프랑스의 나치협력자 처벌에 비교하면 너무 수치스러운 수준이다. 프랑스의 나치전범은 금고 이상 유기징역을 받은 사람이 수만 명에 달한다. 사형선고를 받은 6763명의 전범 중에 767명에게 사형이 집행되었고, 종신형이 2,700명이고, 10,600명이 강제 노동형에 처해졌다. 이에 반해 우리나라는 이승만의 반민특위 와해공작으로 실제 구형받은 것이 41건에 불과하며, 그것도 대부분 무죄나 병보석으로 풀려나 온전히 실형을 산 자는 한 명도 없다. 제1공화국 12년 동안 각료 96명 중 친일파가 34.4%, 경찰에서는 총경의 70%, 경감의 40%, 경위의 15%가 일제경찰 출신이었다. 해방조국에서 친일경찰이 독립 유공자를 고문하고 치죄하는 실로 개탄스러운 일이 횡행했다. 친일파는 득세하고 그 권력이 대물림되며, 항일 독립유공자와 그 후손이 몰락하는 대한민국을 보며 일본이 얼마나 쾌재를 부르짖었겠는가?

하루 빨리 친일파를 척결하고 친일재산을 환수해 독립유공자와 그 후손을 도와줘야 한다. 식민사관을 극복해 찬란한 우리의 고대사를 되찾아 천손민족의 자긍심을 회복하고, 남북이 천손사상을 공유하면 통일은 어렵지 않다. 유대민족이 1800년 이상을 망국의 상태로 살았지만 나라를 일으켜 세우고 세계를 쥐락펴락 하는 힘은 그들의 선민사상에서 나왔다. 통일이 극일의 첩경이며, 통일의 힘은 천손사상에서 나온다. 통일로 일본을 제압하면 중원을 수복하는 것도 그렇게 어렵지 않을 것이다. (2013. 3. 16.)

일본은 범죄 집단

일본의 도발이 계속되고 있다. 대륙을 향한 그들의 야욕이 도무지 식을 줄을 모른다. 나당연합군에 의해 종주국인 백제가 멸망하면서 한반도에 대한 일본의 도발이 시작되었다. 서남해의 섬들을 노략질하거나 옛 백제 땅을 수시로 침범했다. 고려를 넘어 조선조까지 기승을 부리다가 마침내 임진왜란을 일으켜 전국토를 유린했고, 끝내는 이완용을 비롯한 친일 매국세력을 이용해 36년간 한반도를 강점했다. 지금도 독도를 지렛대 삼아 전쟁을 일으켜서 대륙침탈의 발판을 삼으려는 망발을 획책하고 있다.

일본 보수 세력의 망언은 거의 왈패들 수준이다. 노다 요시히코 총리는 2012년 8월 23일 이명박 대통령에게 독도방문에 대한 사죄를 요구했고, 24일에는 한국이 독도를 불법점거하고 있어 영토주권을 지키기 위해 불퇴전의 각오로 임하겠다고 선언했다. 극우민족주의를 충동질해 정권을 탈취한 아베정부는 이에 한술 더 뜬다. 2013년 3월 26일 문부과학성 교과용도서검정조사심의회에서 "한국이 독도를 일방적으로 점거하고 있다"고 기술한 교과서의 검정을 마쳤다.

일본의 정치권이 미쳐도 단단히 미쳤다. 독도뿐만 아니라, 야오이다오를 놓고 중국과 다투고, 쿠릴열도로 소련과 영토분쟁을 일으키려 한다. 물론 일본이 한국, 중국, 소련과 모두 전쟁을 일으키겠다는 것은 아닐 것이다. 상대적으로 약한 우리나라를 먼저 공격할 공산이 크다. 이런 때 남북이 하나가 되어 공동대응하면 좋을 텐데, 김정은은 핵문제로 미국과 싸우기 바빠 관심이 없고, 한국 정부는 미국 눈치 보느라 바쁘다. 핵에 깊은 상처를 안고 있는 일본에게 북한의 핵무기와 미사일은 상당히 큰 압박이 될 수 있을 텐데, MB정부 5년간 관계가 너무 악화되어 어쩌면 북한의 협조를 아예 기대할 수 없을 지도 모른다.

일본은 정상적인 국가가 아니다. 사무라이가 지배하는 범죄 집단일 뿐이다. 사무라이정신은 주군에 대한 절대적 충성심이 강하고, 사소한 명분에도 목숨을 건다. 누군가 어떤 정치적 야망을 가진 미치광이가 이 점을 노려 자극하면 폭발하듯 무서운 속도로 뭉쳐 바로 이성을 잃은 폭력집단이 된다. 역사적으로 이것의 가장 좋은 예가 관동대지진 후 조선인 학살을 위한 자경단 조직이며 일본정부의 부추김이다.

관동대지진은 1923년 9월1일 11시 58분 강도 7이상의 지진이 5분 간격으로 3회 발생해 건물의 대부분이 붕괴되고 불에 탔다. 일본정부는 흉흉해진 민심을 수습하고, 전선 확대로 인한 쌀 부족과 반정부 시위를 막기 위하여 이를 빌미로 여론을 조작하기 시작했다. 9월2일 내무성은 각 경찰서에 "조선인들이 방화와 폭탄테러, 강도를 획책하고 있으니 주의하라"고 명령을 하달했다. 그렇지 않아도 조선인이 집에 불을 지르고, 우물에 독을 뿌렸다는 유언비어가 나돌아 일본 민간인들이 자경단을 조직하여 조선인을 학살하기 시작할 무렵이라서 내무성의 명령은 불에 기름을 붓는 격이었다.

조선인 복장을 한 사람은 묻지도 않고 모두 살해했다. 신분위장을 위해 일본복장을 한 조선인에게는 "十五円五十錢"을 읽으라고 해서 발음이 정확하지 않으면 바로 죽였다. 심지어 어느 지역에서는 자경단을 피해 경찰서 유치장으로 피신한 사람까지 쫓아가 살해하기도 했다. 도쿄에 흐르는 스미다 강과 아라카와 강은 시체로 뒤덮이고 피로 물들었다. 학살당한 조선인이 육천 명이 넘었지만, 일본 정부는 축소하기에 급급했다. 자경단을 연행하여 조사하는 척했으나 대부분 증거 불충분으로 무죄방면 했고, 구속기소한 4명도 이듬해 모두 석방했다.

일본은 관동대지진 조선인학살에 대해 현재까지도 정부차원의 사죄가 없다. 독일의 유태인 학살은 그 규모면에서는 일본을 능가하지만 전쟁이 끝난 후 국가가 사죄하고 관련자를 처벌했다. 관동대지진 조선인학살은 정치세력의 여론조작에 의해 규모를 키운 민간인 학살이기에 더 가증스럽고, 학살을 조장한 수구세력과 그 후손이 정권을 잡고 있기 때문에 일본을 경계하지 않으면 또 그렇게 당한다. 그러므로 이런 인면수심의 일본에게 우호적인 친일파를 척결해야 우리 민족이 살아남을 수 있다. 우리가 친일파를 완벽하게 척결하지 못해 일본의 도발이 계속되고 있는 것이다.(2013. 3. 26 .)

대한민국 임시정부수립일을 건국절로 지키자

내일이 대한민국 임시정부수립 94주년이 되는 날이다. 일본의 무단통치에 맞서 들불처럼 일어난 3.1운동이후 일제의 탄압이 거세지자 국내에서 활동이 어려워진 독립투사들이 해외로 나가 독립투쟁을 계속하였다. 이동녕 초대 의정원 의장은 국내외에 흩어져 있던 항일단체를 통합하여 1919년 4월 13일 상해에서 역사적인 대한민국 임시정부수립을 선포했다. 군주제를 청산하고 자유주의와 삼균주의 이념을 지도이념으로 삼는 자유민주주의 체제를 당당히 선언한 것이다.

상해 임시정부는 초대 대통령으로 이승만을 선출하여 한 동안 심각한 내분에 휩싸이기도 했지만, 비리가 드러나자 이승만을 탄핵하고 전열을 정비하여 광복 때까지 민족정부의 역할을 다하고 독립운동의 구심점이 되었다. CIA 비밀문건이 해제됨으로 그의 진면목이 드러난 것처럼 이승만은 사적권력을 채우기 위해 독립운동을 선택한 철저한 친미주의자였지 민족을 위한 진정한 독립투사가 아니었기 때문에 무장투쟁을 주축으로 하는 기존 독립운동세력과는 융합할 수 없었다. 이승만은 미국과 일본 사이를 줄타기하는 처세의 달인이었고, 임시정부의 무장투쟁노선에 큰 걸림돌이었다.

김구라는 걸출한 인물이 임시정부의 국무령이 되면서부터 무장투쟁이 활발해졌다. 이봉창의사와 윤봉길의사의 의거는 잠든 중국을 흔들어 깨웠다. 중국의 장개석 총통은 10억 중국인이 해내지 못하는 일을 조선인 청년 한 사람이 했다고 극찬했으며, 이를 계기로 임시정부를 적극적으로 지원하기 시작하여 우리 임시정부가 독립운동의 새로운 활로를 모색할 수 있었다. 3천명의 독립군이 3만 5천의 일본군 정예부대를 섬멸하는 김좌진, 홍범도 장군의 청산리 전투는 세계전쟁사에 길이 남을 승전이었다. 불행스럽게도 히로시마 원폭투하로 일본이 서둘러 항복을 선언하여 수포로 돌아갔지만, 임시정부는 미국과 합동으로 국내진공작전을 계획하기도 했다.

국내진공작전은 1945년 8월 29일 국치일에 맞춰 이범석 장군을 총지휘관으로 하여 3개 지구대가 함경도로부터 남해까지 잠입하여 일본군을 소탕하는 작전이었다. 미국 전략사무국(OSS) 웨드마이어 중장과 광복군 2지대장 이범석 장군은 미국이 무기 및 군수물자를 광복군에게 공급하고, 교통과 통신편의를 제공하기로 한미합동작전 6개항을 합의하였으나, 일본의 조기항복으로 국내진공작전을 시행하지 못하고 해방을 맞아 임시정부 요인은 개인자격으로, 독립군은 무장해제한 체 입국해야 하는 수모를 겪었다.

38선을 경계로 하여 남북을 분할통치하려는 미소의 야욕에 우리는 속수무책으로 당했다. 우리 현대사의 비극은 여기에서 출발한다. 비록 일본을 직접 공격하여 우리가 항복을 받아내지는 못했지만 임시정부 주도하에 수많은 게릴라전을 전개하였고, 끊임없이 항일투쟁을 수행한 전승국임에도 불구하고 미소의 농간에 의해 남북이 분할되는 어처구니없는 비극을 맞았다. 2차 대전을 일으키고 패전한 독일이 동서로 분할된 것처럼 패전국인 일본이 남북으로 분할되어야 마땅한데 미국의 더러운 패권주의로 인해 우리나라가 희생제물이 되었다. 실로 통탄스럽고, 내가 미국에 대해 분개하는 첫째 이유이다.

그리고 소련을 혐오하는 철저한 반공주의자이며 자국의 국익에 충실한 극동사령관 맥아더가 친미주의자인 이승만을 선택하면서 임시정부요인을 비롯한 항일 독립투사의 입지가 극히 좁아졌다. 친일파들이 반공을 등에 업고 정치의 전면에 대거 포진하는 계기가 되었다. 이렇게 파렴치한 미국을 6.25동란에 참전하였다고 우방이니 혈맹이니 떠드는 친일파들의 선동에 기가 질린다. 미국은 병 주고 약 준 것에 불과하지 않은가?

대한민국임시정부는 27년간이나 지속되었다. 헌법 전문에 "우리 대한국민은 3.1운동으로 건립된 임시정부의 법통과 불의에 항거한 4.19 민족이념을 계승하고"라고 명시되어 있음에도 임시정부수립일을 아는 사람이 많지 않고, 국가적인 행사도 없다. 대한민국임시정부수립일은 제2의 개천절이며 건국절로 지켜야 맞다. 8.15는 건국절도 해방절도 아니다. 국토가 양분되고, 지배국이 일본에서 북쪽은 소련으로, 남쪽은 미국으로 바뀐 것에 불과하다. 아직도 우리 군의 전시작전권이 미국에 있지 않은가? 천손민족이여! 부디 대한민국임시정부의 법통을 계승하여 자주독립의지를 확고히 하자! 그리고 척양척왜(斥洋斥倭)해야 우리 민족이 살아남을 수 있다. (2013. 4. 12.)

일본의 자승자박(自繩自縛), 그 끝이 보인다.

“침략에 대한 정의는 학계에서도 확실하지 않다. 국가 간의 관계에서는 어느 쪽에서 보느냐에 따라 다르다.”

아베가 망발을 넘어 도발수준의 망동을 일삼고 있다. 도대체 제정신인가 의심스럽다. 이는 한 나라의 총리가 함부로 지껄일 수 있는 말이 아니다. 36년 간이나 한 반도를 강점하고 종군성노예, 관동대지진 조선인학살을 자행한 역사적 사실을 모두 부정하고, 아시아를 전쟁의 회오리 속에 몰아넣었던 전쟁범죄를 모두 덮겠다는 파렴치한 행위가 아니고 무엇인가? 극우세력을 부추겨 헌법 개정의 당위성을 확보하려는 정치적 야망을 모르는 것은 아니지만 차마 인두겁을 쓰고 할 소리는 아니다.

아베의 도발은 부도덕의 극치를 보는듯하다. 여야 국회의원 168명이 전범들을 합사한 야스쿠니신사를 참배하는 망동도 도무지 이해할 수가 없다. 오만방자하고 예의라고는 눈곱만큼도 없는 천하에 제일 흉악한 모리배들이다. 식민통치의 상흔이 아직 생생하게 살아 있고, 난징대학살의 아픔이 채 가시지 않은 상황에서 한국과 중국을 들쑤셔서 무엇을 얻겠다는 심보인가? 한중일 삼국이 전쟁이라도 벌이겠다는 말인가? 또 다시 한국과 중국의 청소년들이 일본제품 불매운동을 벌이고 일본산 자동차에 불을 질러도 좋다는 말인가?

이쯤에서 중국의 지도자가 적극적으로 나서주었으면 좋겠다. 대일 농산물 수출을 중단하고, 희토류 같은 주요원자재의 수출을 전면금지하여 일본산업계에 치명적인 일격을 가할 필요가 있다. 한국 정부도 대응 수위를 더 높여야 한다. 작금의 조치는 너무 미숙하고 졸렬하다. 이건 뭐 안보구걸도 아니고, 주한 일본대사를 불러 유감의 뜻을 표하는 정도라니 생각할수록 분노가 치민다. 이런 악행엔 주일대사를 즉시 소환하고 외교단절을 선언하는 등의 강력한 대응이 타당하다.

일본의 도발은 이것이 끝이 아닐 것이다. 정치적인 도발을 넘어 경제적인 망동도 이미 도를 넘었다. "심각한 디플레이션을 막기 위해 일본은행의 윤전기를 돌려 돈을 찍어내겠다. 어떤 정책도 불사하겠다."고 선언한 아베의 양적완화를 뛰어넘는 파격적인 조치를 4월 4일에 구로다 하루히코 일본은행(BOJ) 총재가 내놓았다. 지난 20년간 연평균 경제성장률이 1%도 안 되는 디플레이션에 시달린 경제계에 조금씩 화색이 돌고 숨통이 트일 것처럼 보이지만 그 결과는 누구도 장담하지 못한다. 엔화가치급락으로 미국의 자동차시장이나 가격에 민감한 소비재시장에서 일본제품의 가격경쟁력이 좋아지고는 있으나 국채가격이 급락하여 국채 수익률이 상승하고 있는 부작용이 이미 나타나고 있다. 아베-구로다의 무모한 정책이 결국 재정파탄이라는 파국으로 마무리될 것이라는 주장이 꽤 설득력을 얻고 있다. 3월 말 현재 일본의 국채 발행 잔액은 960조 엔으로 일본총생산(GDP)의

두 배를 넘었고, 외환보유액이 1조 2500억 달라(123조엔)로 국내외 국채투자가들이 보유한 국채의 13%만 내다 팔면 당장 외환이 바닥날 형편이다.

일본의 패망은 결코 멀지 않다. 일련의 정치적 망언으로 이웃 국가의 신뢰를 잃었고, 엔저현상에 의한 수출효과는 순간일 뿐이다. 1달라=100엔시대도 새삼스러운 것이 아니다. 작금의 엔화급락은 아베노믹스의 효과라기보다 2000년에서 2012년까지 미국의 재정위기가 초래한 엔고현상이 붕괴되고 있는 것에서 오는 일시적 충격이라고 보는 것이 맞다. 아베노믹스가 성공하기 위해서는 수출이 계속해서 늘고 노동자의 임금이 증가해 소비가 신장되어야 하는데 물가만 오르고 있다. 부도덕의 상징인 미국과 일본이 추진하는 잘못된 금융정책은 국제 금융시장에 유동성과잉을 불러와 세계경제를 절망적인 위험에 빠트릴 수 있다. '조지 소르스'가 지적했듯이 양적완화조치가 성공하면 경제가 살아나겠지만 이것은 전례가 없는 위험한 실험이고 짧은 순간이 지나면 곧 바로 파국이 올 것이다.

일본의 자승자박, 그 끝이 보인다. 국채시장이 붕괴되면 일본재정이 붕괴될 테고, 결국 일본은 멸망하게 되어 있다. 더군다나 침략부정발언으로 아시아의 공분을 사고 있는 상황에서 수출이 계속 신장될 것이라는 생각은 아베만의 헛된 망상이다. 이성을 잃은 수구세력 하나가 국가를 말아먹고 있다고 해도 과언이 아니다. 우리나라도 예외가 아니다. 수구세력의 망발을 그냥 지켜보아서는 안 된다. 감시하고 견제하고, 도에 지나치면 즉각 철퇴를 가해야 대한민국을 유지할 수 있다. (2013. 4. 28.)

친일반민족행위자 재산조사위원회

세상엔 거저 되는 일이 없고 혼자서 이룰 수 있는 일도 없다. 천년만년 잘 살 것 같지만 부당하게 행사한 권력엔 화가 뒤따르고, 부정한 방법으로 취득한 재물은 반드시 수포로 돌아간다.

국정원선거개입 의혹수사와 연관이 있는지 없는지는 분명하지 않지만, 지난 6월 27일 마침내 "공무원범죄에 관한 몰수특례법" 소위 전두환법이 통과되었다. 검찰이 전두환 전 대통령의 집을 압수수색하였고, 국회가 오랜만에 밥값을 했다. 뻔뻔스럽게도 29만원밖에 없다며 추징금의 납부를 거부하던 전두환의 미납추징금을 받아내기 위한 특별법안인 전두환법은 전, 현직 대통령과 국무위원이 취득한 불법재산이나 불법재산이 합해진 혼합재산을 몰수할 수 있고, 이를 거부하면 노역장 유치나 감치명령을 통해 강제할 수 있는 법적 근거를 마련한 것이다.

항공자위대 F15기 편대가 미군폭격기 B52를 지원, 보호하는 상황을 상정한 훈련을 실시하는 등 일본의 도발이 본격화하는 이 때, 친일파의 손발을 묶고, 新친일파의 출현을 강제할 수 있는 전두환법과 같은 강력한 친일반민족행위에 대한 몰수특례법도 재정되었으면 좋겠다. 평화헌법의 개정을 꾀하고 전쟁준비를 노골화하는 일본의 야욕을 사전에 제압하기 위해서는 우리나라가 강해야 하고, 일본의 도발을 암묵적으로 돕는 신친일파의 준동을 막으려면 그들의 자금원인 친일반민족행위자재산의 몰수가 필수조건이기 때문이다.

그러나 우리나라의 우익은 민족주의자가 아니라서 희망이 없다. 일제강점기에 친일을 했던 사람이나 그 후손이기에 어쩔 수 없는 선택인지는 모르지만, 그들의 더 큰 잘못은 살아남기 위해 매카시즘을 자주 이용하는 것이다. 민족주의자들이 친일파 처단을 주장하면 반공을 내세워 오히려 그들을 억압하고 종파분자로 매도한다. 식민통치에 협력하고 우리 민족을 탄압한 반민족행위자가 친일반민족행위로 축재한 재산을 국가로 귀속시켜 정의를 구현하고 민족정기를 바로 세우며 일본제국주의에 저항한 3,1운동의 헌법이념을 구현하는 것을 목적으로 제정된 "친일반민족행위자 재산의 국가귀속에 관한 특별법"도 이명박이 친일반민족행위자 재산조사위원회를 폐지함으로 반신불수가 되었다.

친일반민족행위자 재산의 국가귀속에 관한 특별법을 근거로 2006년 7월 13일 참여정부가 설치한 "친일반민족행위자 재산조사위원회"는 친일재산의 국가귀속과 일본인 명의의 토지를 정리하고, 친일반민족행위자 168명의 토지 1,114만평방미터(공시지가로 959억원)를 환수하였다. 그러나 2010년 7월 12일. 4년의 활동기간이 종료되자마자 이명박이 폐지를 단행했고, 아직까지 부활의 기미가 없다. 정한기간 내에 활동을 종료하기 어려운 경우에는 재적의원 2/3 이상의 찬성의결과 대통령의 승인으로 2년을 더 연장할 수 있음에도 불구하고 이 명박은 곧바로 폐지했다. '반민특위'를 해체한 이 승만이나 '친일반민족행위자 재산조사위원회'를 폐지한 이 명박은 결국 친일반민족행위자를 도와 일본의 망발을 조장한 것과 같다.

일본의 망발을 다스리기 위해서는 대한민국이 강해져야하고, 대한민국이 강해지기 위해서는 친일파를 정리하지 않으면 안 된다. 연좌제라고 태클을 걸 테지만 친일반민족행위자 후손에게 친일의 흔적이 조금이라도 남아 있다면 정관계 진출의 기회를 박탈해야 맞다. 그리고 "친일반민족행위자 재산조사위원회"를 조속히 부활하여 친일반민족행위자의 재산을 조사하고 몰수함으로써 식민사관에 빠져 찬란한 우리의 고대사를 부정하고, 식민지근대화론 같은 일제강점을 미화하는 新친일파의 출현을 원천봉쇄해야한다. 친일파를 완벽하게 정리하는 것이야말로 미래에 발발할 한일전쟁에서 우리가 먼저 승리의 교두보를 확보하는 것이다. (2013. 8. 4.)

약탈문화재 반환운동 촛불로 이어가자

서산 부석사 금동 관세음보살좌상'(이하 관음상)을 제 자리에 봉안해야 한다는 여론이 그 어느 때보다 뜨겁다. 관음상은 왜구가 600년 전에 약탈해 간 것이기 때문에 부석사 봉안은 당연한 것이다. 2013년 2월 부석사 신도가 신청한 '부석사 불상 반환금지 가처분신청'을 대전지방법원이 받아들여 일본의 관음사가 정당하게 취득했다는 사실을 입증할 때까지는 반환을 금지한다는 판결을 내렸다. 합법적이고 정당한 거래를 증명하지 못할 경우 원래 자리에 봉안해야 한다는 것이다.

그러나 박 근혜 정부는 약탈문화재 반환에 대해 소극적일 뿐만 아니라 친일적이다. 2013년 9월 광주에서 열린 일본 문부과학상과의 회담에서 유 진룡 문화체육부 장관이 관음상을 일본에 반환해야한다고 말했다. 박근혜 정부는 이런 국적불명 인사를 장관으로 임명하고, 아직도 버젓이 장관 질을 해먹도록 방치하고 있다. 유 진룡은 말실수라고 둘러대지만, 말은 그냥 나오는 것이 아니라 평소에 품고 있던 생각이 발현되는 것이기 때문에 그에게 책임을 묻는 것은 지극히 당연한 일이다. 또한, 관음상 제 자리 봉안에 제일 앞장서야 할 부석사측의 냉담에 대해서도 이대로 좌시할 수는 없다. 무슨 이유 때문인지는 몰라도 주민의 요구를 묵살하여 서산 시민과 신도들로부터 크게 지탄을 받고 있다.

대한민국은 좌편향이 문제가 아니라 일(왜)편향이 문제이고, 종북보다 종일의 폐해가 훨씬 더 심각하다. 광복 후 친일파를 정리하지 못한 것이 두고두고 민족융성의 발목을 잡고 있다. 친일세력이 학계, 정계의 전면에 포진하여 민족정신을 말살하고, 민족을 말하고 친일파척결을 주장하면 빨간 물을 뒤집어씌우는 이상한 국가가 대한민국이다.

친일세력의 득세는 우리 민족을 멸망으로 이끈다. 그들은 친일 식민사관에 매몰되어 있기 때문에 우리의 정체성을 훼손하고, 국민의 머릿속에 식민사관을 심어 노예근성을 부추긴다. 현대사뿐만 아니라 우리의 찬란한 고대까지 무참히 훼손한다. 일제 식민지 미화논란이 일고 있는 교학사 고교 한국사 교과서를 보라! 김 승환 전북 교육감이 확대간부회의에서 언급했던 것처럼 교학사 고교 한국사 교과서는 일본 야스쿠니신사나 일왕에게 바쳐야할 책이다.

식민지근대화론은 철저하게 조작된 허구이론이다. 1910년부터 1940년까지 GDP가 조금 증가한 통계는 이용하고, 1941년에서 1945년까지의 일제 패망기 통계는 이용하지 않는 꼼수를 부렸다. 또한 철도를 놓고, 공장을 지은 것이 어디 우리를 위한 것인가? 이것은 모두 착취를 전제로 한 일본의 이권사업이었을 뿐이다. 일본이 아니더라도 미국이, 아니면 다른 국제 자본이 했을 것이고, 조선인 중에서도 철도부설권을 추진한 사람이 있었다.

역사적 기록을 아전인수적으로 해석하고 이용하는 집권세력은 반민족세력이 분명하다. 이들 중에 고려대 명예교수인 한 승조 같은 극악무도한 자도 있다. 2005년 일본 시사월간지 "정론"에 "일본의 한국에 대한 식민지배는 매우 다행스런 일이며, 원망하기보다는 오히려 축복해야 하며 일본에게 감사해야할 것이다"라고 썼다. 친일세력은 일제 강점기에 본격적으로 근대화가 이루어졌고 한국사회의 발전의 초석이 되었으니, 주권침탈의 부당성에 대한 비판과 식민지시기의 경제발전은 다른 것이기 때문에 혼동해서는 안 된다고 주장한다.

너무나도 개탄스럽다. 이제 촛불을 들어야할 때인 것 같다. 관음상 부석사 봉안과 함께 친일세력을 구축하고, 식민사관을 뿌리뽑아야한다. 그렇지 않으면 관음상 봉안도 물 건너가고, 또 다시 일본에게 당할 수 있다. 독도의 침탈과 평화헌법의 개정을 획책하는 등, 침략준비를 노골화하고 있는 일본을 저대로 두어서는 안 된다. 우리 민족이 사는 길은 멸공이 아니라 멸왜이다. (2013. 10. 21.)

일본을 경계하지 않는 것은 망국행위이다

일본의 집단적 자위권 추진은 일본의 침략전쟁준비를 의미한다. 그러므로 미일안전보장협의위원회(미일 2+2회의)에서 미국이 일본의 집단적 자위권을 용인한 것은 제 2의 가쓰라-태프트 밀약이다. 중국을 견제하기 위한 사전포석인지는 알지만 한국을 비롯한 다른 아시아 국가들에게는 날벼락이 될 것이다. 1905년 7월 29일 일본총리 가쓰라와 미국 루스벨트 대통령의 특사인 태프트가 맺은 비밀협약이 미국의 필리핀 점령과 일본의 조선침략을 서로 용인하여 아시아의 불행이 시작되었기 때문이다.

한국정부는 이러한 안보와 직결되는 사안에 대해 지나치게 주변국의 눈치를 살핀다. 일본의 집단적 자위권에 대한 미국의 지지표명에도 구체적인 대응을 자제하고 있다가 여론의 호된 지탄을 받고 나서야 겨우 일본의 집단적 자위권의 한반도 행사 땐 한국의 동의가 반드시 필요하다는 것을 미국 측에 전달했다.

참으로 한심하고 어처구니가 없다. 이는 한국정부가 일본의 집단적 자위권을 인정하는 것이고, 자위대의 상륙을 조건부 허용하는 것이 아니고 무엇인가? 한국정부는 보다 강력히 일본의 집단적 자위권의 철회를 주장해야 맞고, 일본의 집단적 자위권을 지지하는 국가에 대해서는 강력한 외교적 대응을 하는 것이 옳다. 집단적 자위권은 일본이 직접 공격을 받지 않아도 동맹국이 공격을 받았다는 이유로 타국에 반격할 수 있는 국제법상 권리이기 때문이다. 아베 정권이 저렇게 집단적 자위권 추진에 목을 매는 것은 아직도 그의 핏속에 침략의 유전인자가 남아있다는 것을 증명하는 행위이다.

일본이 왜 이렇게 우리를 무시하고 오만방자하게 날뛰고 있을까? 해방 후에 우리가 친일파를 전혀 숙청하지 않고, 오히려 그들을 대거 공직에 등용했으며, 신친일파의 출현을 간과하며 식민사학자가 일제 강점기를 미화하는 것을 용인하고 있기 때문이다. 전직 대통령들이 일본의 A급 전범과 일제 강점기를 미화하고, 독도관련 망언을 일삼는 일본의 극우인사 12명에게 국민훈장을 수여하는 망발을 자행한 것도 일본의 망동을 조장한 것이다. 그것도 지금 저렇게 앞뒤 가리지 않고 전쟁준비에 광분하고 있는 아베 수상의 외할아버지, '기시 노부스케'와 인체생체실험으로 세계적인 공분을 사고 있는 천인공노할 731부대 관련자 '가토 카쓰야'에게 박 정희가 국민훈장 동백장을 수여했다. 이외에도 박정희 정권에서 5명에게 훈장을 수여했으며, 전두환 정권에서 3명, 김영삼 정권에서 1명, 이명박 정권에서 1명에게 훈장을 주었다.

이러한 반역행위에 대해 외국인 훈장 수훈 관련 주무부처인 행전안정부와 외교부의 대응이 더욱 가관이다. 행정안전부는 훈장 수훈자의 이름을 공개하는 것은 개인정보 보호법에 위배된다며 관련

자료제출을 거부했다. 뻔뻔스럽게도 전 대통령들의 망국행위를 은폐하려 안간힘을 쓰고 있는 것이다. 이를 보고, 어찌 망국으로 가는 행위가 아니라 할 수 있는가?

또한, 일본의 순시선과 군함이 3-4일 간격으로 지난 8년간 747회(순시선 274회, 군함 7회) 독도 주변을 순회했음에도 불구하고 정부가 수수방관하여 막장정부임이 또 다시 드러났다. 그것도 최근에 일본군함이 울릉도와 독도 사이를 지나 완전히 한 바퀴를 돌도록 방치한 것은 이적행위라고 하지 않을 수 없다.

우리나라가 일본의 속국이라도 되는가? 왜 한국 우파정부는 일본의 눈치만 보는가? 일본을 경계하지 않는 것은 분명코 망국행위이다. (2013. 11. 1.)

역사전쟁에서 패하면 미래가 없다

역사는 과거가 아니고 미래다. 그러므로 역사전쟁에서 패하면 미래를 모두 잃는다. 중국이 동북공정을 시작으로 고구려를 중국의 지방정권이라고 주장하는 이유가 무엇인가? 북한의 붕괴에 대비한 것이라 하지 않던가? 북한은 정치력 부재 때문이 아니라 무역을 가로막고 있는 미국 때문에 경제적으로 더 이상 버틸 수가 없다. 조만간에 붕괴가 시작될 것이다.

중화 패권사관이나 친일 식민사관이 이렇게 횡행하면 온 국민이 세뇌되어 마침내 국가가 민족의 자긍심을 잃고, 종국엔 너나할 것 없이 모든 국민이 국가에 대한 충성을 포기할 것이다. 가슴에 나라 사랑과 민족의 정체성이 각인되지 못한 사람은 외세에 쉽게 동화되어 침략에 협력하거나 주권을 포기하는 일에 주저하지 않는다. 강요나 협박에 의하지 않고도 스스로 반역자가 될 소지가 크다.

대한민국은 역사전쟁에 너무 소극적이다. 박근혜 대통령이 "동북아 평화협력을 위해서는 역내 국가들이 동북아 미래에 대한 인식을 공유해야한다."고 하면서 '한중일' 공동 역사교과서 발간을 제안했다. 한 마디로 어처구니가 없다. 이상을 넘은 망상이다. 이는 범과 승냥이와 양을 한 우리에서 사육하겠다는 것과 같다. 위안부 문제도 인정하지 않고 독도를 넘보는 일본과 고구려와 발해 역사를 자국의 역사로 편입하기 위해 발광하고 있는 중국을 무슨 수로 설득해 공동 역사교과서를 발간하겠다는 말인가? 현재의 상황이 계속되면 '한중일'이 공멸하는 위기상황이 닥칠지 모르기 때문에 동북아 안정을 위한 제안이라고는 생각하지만 저 야수들과는 절대로 불가능한 일이다.

역사통일로 동북아 평화 협력과 EU와 같은 공동시장을 꿈꾸는 것은 좋은 일이다. 그러나 박 근혜 대통령의 한중일 공동역사교과서 정책은 앞뒤가 뒤바뀐 정책이다. EU가 화폐를 통일하여 공동시장을 운영한지 오래 되었지만, 그들도 아직까지 역사는 통일하지 못했다. 영국과 프랑스의 관계도 우리와 일본과의 관계만큼이나 소원한 것이 사실이다. 역사는 철학과 문화의 뿌리이기 때문에 사관을 통일하는 것은 결코 쉬운 일이 아니다.

'한중일'이 서로 양보하여 공동 역사 교과서를 발간할 수 있다고 하더라도 우리의 형편을 고려하면 공동 역사교과서는 아직 시기상조이다. 중화 패권사관과 일제 식민사관을 신봉하는 역사학자가 대한민국 역사학계의 주류를 형성하고 있는 상황에서 그것은 우리에게 크나큰 해가 될 수 있다. 진정으로 공동 역사교과서를 구상하고 있다면, 먼저 중화패권사관과 친일식민사관에 빠져 있는 우리나라의 관변사학자를 퇴출시켜야한다. 식민지근대화론을 주장하고 일제가 조작한 역사를 받아들여 한사군과 위만조선을 신봉하는 사학자가 역사학계를 강점하고 있는 상황에서 어떻게 저들과 공동 역사교과서를 만들겠다고 하는가? 환단고기에 분명히 기록되어 있고, 천문학자가 과학적으로 입증한 '오성취루'를 인정하지 않으며, 환단고기 위서 바이러스에 감염된 사학자들을 정리하지 않은 상태에서 '한중일, 역사 공동교과서를 발간하면 우리나라에 무슨 이익이 되겠는가?

역사의 몰락은 정체성의 황폐를 초래한다. 우리의 역사를 중국의 변방역사로 왜곡하는 중화 패권사관과 임나일본부와 같은 거짓학설로 우리의 역사를 철저하게 훼손하려는 식민사관에 뿌리를 내린 역사교과서로 우리의 후손을 교육할 수는 없다. 동북아 평화 협력시대를 위해 역사왜곡을 용인하고 위축시킬 수도 없다. 역사전쟁이 절정인 시점에서 아무리 양보해도 이것은 아니다. 우리 민족사관을 말살하려는 패권사관과 식민사관에 매몰된 사이비사학자를 먼저 쓸어내고, 자랑스러운 우리의 역사를 되찾은 뒤에 시행해도 결코 늦지 않다. (2013. 11. 26.)

마지막 총독의 저주

"일본은 졌다. 그러나 조선이 승리한 것이 아니다. 우리 일본은 조선 국민에게 총과 대포보다 더 무서운 사관을 심어 놓았다. 결국 조선인들은 서로 이간질하며 노예적 삶을 살 것이다." (아베 노부유키)

일제 마지막 총독 '아베 노부유키'의 독설이 현실화 되고 있는듯 하여 너무도 안타깝다. 작금의 정치상황을 바라볼 때 대한민국 정치의 태생적 한계가 속속 드러나고 있다. 일본 정부의 도발적인 침략책동을 오히려 정쟁의 도구로 삼는 것도 그렇고, 독재를 정당화하고 친일을 미화하는 언론의 망발이 친일 집단의 홍보매체가 된 듯 요란하다. 역사적 교훈이 뒤집힐 위험에 처해 있다는 '뉴욕 타임즈'의 경고처럼 박근혜 대통령의 역사 위협도 몹시 걱정스럽다.

대한민국은 지금 총체적난국이다. 공약파기와 국가기관의 선거개입사건에 대한 싸움도 끝이 보이질 않는데 사상 초유의 카드사 개인정보 유출사태까지 터졌다. 현오석 경제부총리 등 경제라인을 포함한 전면적 개각과 국정조사실시를 요구하는 민주당의 요구에 새누리당 최 경환 원내대표는 "불이 나면 불부터 꺼야지 사람을 자르는 것을 먼저 요구하는 것은 앞뒤가 틀린 것"이라고 차단막을 친다. 논리적으로도 전혀 맞지 않는 제 식구 감싸기에 불과한 망언이다. 불은 소방서가 꺼야지 방화를 방조한 자에게 불을 끄라고 할 수는 없는 것이 아닌가? 국가적 재난에 가까운 이번 사태를 두고 어리석은 국민 탓이라고 한 무책임하고 철면피한 사람을 그대로 두겠다는 것도 도무지 사리에 맞지 않는다. 한국인을 어리석다고 한 일본의 아베 총리와 다를 것이 무엇인가?

사람에게는 모두 공과가 있지만 그래도 권력유지를 위하여 국민의 기본권을 짓밟고, 잘못된 정책을 감추기 위해 국민을 비아냥거리는 행위는 절대로 용서할 수가 없다. 법령 속에 남아 있는 수많은 일본식 용어와 곳곳에 숨어 있는 일본의 망령을 쓸어내지 못한 것도 슬프지만, 1925년에 식민체제 유지를 위하여 일제가 제정한 "치안유지법"을 근간으로 한 국가보안법이 버젓이 철권을 휘두르고 있는 현실이 더 안타깝다. 국가기관의 대선개입 사건의 특검 요구에 대해서도 여권은 종북을 들먹이며 민생이나 챙기라고 윽박지른다. 일본 각료들이 안중근 장군에 대한 폄훼망언을 일삼는 것도 우리가 일본이 구축해 놓은 친일 프레임에 갇혀 있기 때문이다. 안중근 장군께서 이토 히로부미를 사살하면서 대한의군 참모중장이라고 분명히 밝혔는데도 우리가 의사라 칭함으로 사실상 일본인들이 범죄자라고 부를 빌미를 주었다. 의사란 아국에게는 훌륭한 애국자이지만 적국에게는 범죄자가 될 수 있다. 장군이라고 하면 아군의 장수가 적장을 사살한 것이므로 안중근 장군은 범죄자가 아니라 전쟁포로이며, 사형판결을 내린 일본이 포로에 관한 국제법을 어긴 것이 된다.

일본이 우리 대한민국을 무시하고 저렇게 오만하게 구는 것은 모두 우리에게 그 원인이 있다. 우리가 조속히 식민 잔재를 떨어내지 않으면 저들의 망발이 더 격렬해질 것이다. 식민지 근대화론으로 위장한 역사교과서로 교육하기 위해 안달하고, 사사건건 식민사관으로 정치를 농단하는 친일파를 조속히 척결하지 못하면 정치권의 정쟁은 날로 심화되고, 아베 노부유키의 말대로 대한민국을 일본이 다시 강점하게 될지도 모른다. 종북이 문제가 아니라, 종일이 문제이고 종박이 걱정이다. 우리의 주적은 분명히 일본이다. 저들을 경계하지 않으면 우리 민족이 사라지는 것은 필연이다. (2013. 12. 12.)

패망의 길을 걷고 있는 일본

아베 수상의 망언은 도대체 어디까지 계속될 것인가? 정치적 입지를 강화하기 위해 민족주의를 부추기고 있다는 것은 알지만 그래도 정도가 너무 지나치다. 어떻게 우리를 향해 "중국은 어처구니없는 국가지만 아직 이성적 외교가 가능하나 한국은 어리석은 국가다."라고 할 수 있는가? 국가의 지도자라는 사람이 차마 입에 담을 수 없는 험한 말을 서슴없이 해대는 것을 보면 도저히 정상적인 국가라고 할 수 없다. 아베뿐만 아니라 일본의 정치가들은 지휘고하를 막론하고 모두 대한민국을 폄훼하기를 즐긴다.

아베의 사악한 정치행보에 적절히 대처하지 못하고 있는 대한민국도 아베 같은 야차를 앞세워 우쭐대고 있는 일본과 같아서 어처구니가 없지만, 아베의 등장으로 일본은 패망의 수순을 밟고 있다. 일급 전범인 '기시 노부스케'의 피를 이어받아 전쟁준비에 혈안이 되어 있는 모습은 가히 정신병자와 다르지 않다. 평화헌법을 개정하여 군대를 보유하려 안달이고, 집단적 자위권을 얻어 침략의 빌미를 삼으려는 아베의 허튼 꿈을 무턱대고 지지하다가는 머지않아 파국을 맞을 것이다. 한국뿐만 아니라 중국을 비롯한 아시아의 모든 태평양전쟁 피해국민들에게 배척을 당할 것이기 때문이다. 자원이 그리 넉넉하지 못한 나라에서 무역의 길이 막히면 일본도 끝이다.

아베는 매사에 이율배반적인 행보를 일삼고 있다. 위안부문제에 대해 "군이 직접 나서서 위안부를 모집했다는 증거가 없다"고 하며, 위안부문제에 대해 회피하던 사람이 9월 26일 열린 유엔총회 기조연설에서는 "전 세계여성의 인권신장을 위해 노력하겠다."고 선언했다. 일본군 종군성노예 문제에 대한 비판여론을 무마하기 위한 정치적 꼼수가 분명하지만 여성인권신장을 위해 노력하겠다는 자가 국가권력을 이용한 대표적인 성폭력사례인 종군성노예 문제에 대해 사과하지 않는 것은 전혀 앞뒤가 맞지 않는다. 지난 9월 8일에도 아르헨티나에서 열린 IOC 125차 회의에서 심사위원들에게 사기를 쳤다. "방사능 오염수는 후쿠시마 항만 내에서 완전히 차단하고 있어 후쿠시마 근해 방사능 최대치는 세계보건기구가 정한 음용수 수질기준치의 1/500수준으로 건강에 전혀 문제가 없으며 앞으로도 문제가 없을 것이란 거짓말로 2020년 하계 올림픽 유치에 성공했다. 그러나 "원전항만과 외부 바다 사이에 설치된 차단막으로는 물이나 오염물질의 이동을 완전히 차단할 수 없다."고 '덴다 야스타카' 도쿄전력 과장이 이를 부인했다. 일본 전문가들이 조사한 결과를 보면 아베의 말은 명백한 거짓말이다. 후쿠시마 원전 항만 20km내 지역에서 잡힌 어류의 방사능 수치가 기준치의 258배에 달하는 25,800베크렐에 이른다.

일본의 패망이 훤히 보인다. 세계를 희롱하고 있는 막가파식 정치가들을 보면 그 날이 머지않은 것 같다. 거짓은 바로 탄로 난다. 아무리 어리석어도 한번 속지 절대로 두 번은 속지 않는다. 타산지석이라는 말처럼 일본의 망발을 보고 우리 정치가들도 좀 각성하였으면 좋겠다. 시대에 뒤떨어지는 낡은 이념을 부추겨 국민을 협박하고 억압하려는 낡은 사고에서 벗어나 사상의 자유가 완벽하게 구현되는 민주세상을 열었으면 좋겠다. (2013. 12. 13.)

인류의 안보를 위협하는 악의 축

이스라엘의 포격이 도를 넘었다. 가자시티에 있는 아랍권 위성 방송 알자지라 지국을 포격해 아랍권의 공분을 사고 있다. 이스라엘 리버만 장관이 알자지라가 "세계에 반 이스라엘 정서를 조장하는 보도를 하고 있다"고 밝힌 다음 날 공습이 이루어졌기 때문에 알자지라를 직접 겨냥한 포격이 확실하다. 또, 가자지구공습으로 발생한 사망자수가 27일 기준 1000명을 넘어섰고 사망자의 20%이상이 어린이이다. 심지어는 유엔학교까지 포격하여 어린이와 유엔직원을 살상하는 반인륜적인 범죄를 자행했다. 이는 홀로코스트와 다를 바가 없다. 그러므로 홀로코스트의 재현을 바라지 않는다면, 이스라엘은 당장 포격을 멈추고 깊이 사죄해야한다.

일부 국가에서는 하마스가 이스라엘의 정전연장 제안을 반대한 것을 두고 이스라엘의 공습에 우호적인 반응을 보이기도 하지만 사실은 전혀 그렇지 않다. "합의한 한시적 정전기간에 주민들이나 구급차가 자유롭게 다닐 수 있는 상황이 아니라면 인도주의적 정전은 아무효력이 없다"고 한 하마스의 주장이 더 설득력이 있다.

전쟁국가로 부활을 꿈꾸고 있는 일본의 망발 또한 이스라엘 못지않다. 고노담화를 수정하려는 정책과 태평양전쟁의 A급 전범이 합사된 야스쿠니신사를 참배하고, 호시탐탐 독도침탈을 노리는 아베야말로 머지않아 이스라엘의 베냐민 네타냐후 총리를 따라할 것이다. 자위대의 영향력을 강화하기 위하여 헌법 개정을 발의하고, 집단적 자위권 추진에 목을 매고 있는 일본은 아시아를 강제 점령한 전력이 있기 때문에 이스라엘보다 더 위험하고, 훨씬 잔인할 수 있다. 한일간의 문제라기보다도 보편적인 여성인권에 관한 문제이기도 한 종군성노예에 대한 일본정부의 태도도 사악하긴 마찬가지다. 평화의 소녀상에 말뚝을 박는 파렴치한 행위도 서슴치않는다. 심지어는 막강한 자금력을 바탕으로 우리나라 금융시장에 진출하고, 고금리대출영업에 집중하여 대한민국 서민의 미래까지 뒤흔들고 있다. 일본대부업체의 국내시장점유율이 55%를 넘어섰다고 한다.

그러나 미국은 언제나 이러한 사악한 두 나라를 싸고돈다. 이스라엘과 일본이 획책하고 있는 도발을 억제하기보다 오히려 부추긴다. 한민족에게는 핵폭탄과 같은 집단적자위권을 일본에게 안겨주고, 유엔인권이사회(UNHRC)가 이스라엘의 군사작전으로 발생한 인권과 자유 침해를 강력하게 규탄하며, 국제법 위반 여부를 조사하기 위하여 조사위원회를 구성하는 내용의 결의안 채택회의에서 미국만 반대표를 던졌다. 46개 회원국 중에 아랍국가나 중국, 러시아 등 29개국이 찬성하고, 유럽을 비롯한 17개국이 기권했다.

미국이야말로 인류의 안보를 위협하는 사악한 악의 축이다. 세계에서 가장 잔악하고 파렴치한 일본과 이스라엘을 일방적으로 두둔하는 미국은 인류의 공적일 뿐만 아니라 우리의 우방이라고 하기엔 너무 위험한 국가이다. 그래서 일본의 자위권 확대가 한미일 군사동맹을 거부할 절호의 기회인데 정부가 이를 놓친 것이 안타깝다. 이런 체제하에서 중일전쟁이라도 발발하게 되면 전시작전권도 미국에 있어서 대한민국 국민은 미일의 총알받이로 전락할 것이 자명하다.

이제 국민이 달라져야한다. 저런 파렴치한 미국에 빌붙으려는 정부를 더 이상 방치해서는 안 된다. 그래도 중국이 낫다. 중국과 협력하여 일본과 미국의 야욕을 꺾지 못하면 우리나라는 멸망할 수밖에 없다. (2014. 7. 27.)

일본의 망언을 규탄하기 전에 먼저 해야 할 일

일본 정부의 대변인인 스가 요시히데 관방장관에 이어 문부 과학상 시모무라의 망언이 우리 국민을 몹시 분노케 한다. 아소 부총리의 나치 식 비밀개헌 주장은 일본의 야수본능을 적나라하게 드러낸 망발이다. 귀태(鬼胎)중의 귀태인 특급전범, 기시 노부스케의 외손자 아베 정부가 들어서면서 각료의 망언이 더 극심해졌다.

7월 30일 해외 최초로 미국 캘리포니아 글렌데일시에 제막된 '평화의 소녀상'에 대해 "기념비설립은 일본의 입장과 맞지 않는 것이며 위안부문제를 정치, 외교 문제화해서는 안 된다."고 한 스가 요시히데 관방장관의 망언에 대해 일본의 우익을 대표하는 '하시모토 도루' 오사카 시장이 "위안부를 정당화할 뜻은 없지만 미군도 영국군도 전장에서 여성을 이용했다. 일본군만을 문제 삼아 설치하는 것에는 중대한 오해가 있다."고 거들었다. 또한 한일축구경기에서 우리 응원단이 내건 "역사를 잊은 민족에게 미래는 없다."라는 현수막에 대해 시모무라 문부과학상이 국민의 의식수준이 의심스럽다고 비아냥댔다. 그는 2007년 관방장관일 때에도 '종군간호부나 종군기자는 있었지만 종군위안부는 없었고, 있었더라도 부모가 딸을 팔았지 일본군은 관여한 바 없다.'고 말했다. 모두 귀태의 전형들이다.

일본인은 왜 저런 망언을 떳떳하게 계속하고 있을까? 그들에게 예의가 없어서라기보다 우리나라의 대응수준이 형편없고, 아직도 우리나라를 친일파들이 움직이고 있기 때문이 아닌가? 그러므로 일본의 발호를 막기 위해서는 친일반민족행위자에 대한 대대적인 숙청이 있어야 하고, 친일파의 손발을 철저하게 묶는 작업이 선행되어야한다. 일본각료의 망언에 대해 유감표명에 그치지 말고 강력히 사죄를 요구하거나 주일대사를 소환하지 않고서는 일본의 망언이 계속 이어질 것이며, 머지않은 미래에 독도침공을 시작으로 한일 전쟁이 발발할 것이다. 아베가 군사력과 교전권을 포기하도록 규정한 평화헌법을 개정하여 군대를 보유하려는 의도가 무엇인가? 이는 명백히 전쟁을 위한 사전준비작업이다. 대규모 지진발생과 후지산의 화산폭발이 임박했음은 주지의 사실이고 이는 일본의 몰락을 의미한다. 어쩌면 전쟁준비는 대량 난민이 발생할 때를 대비한 사전포석인지도 모른다.

역사를 잊은 민족에게는 미래가 없다. 해방된 지 68년이 되도록 친일반민족행위자를 처단하지 못한 한국이나, 역사를 부정하고 자국의 잘못을 덮으려고만 하는 일본이나 미래가 불안하긴 마찬가지다. 어제의 범죄를 벌하지 않은 것은 내일의 범죄에 용기를 주는 것과 똑같은 어리석은 짓이기 때문이다. 일본의 강점에 협력한 세력도 나쁘지만 식민지근대화론을 주장하는 新친일파가 더 나쁘다.

식민사관을 조장하는 언론이 문제다. 프랑스의 나치전범처리가 칭송받는 것도 바로 이 때문이다. 드골은 파리해방직후 나치숙청재판에 제일 먼저 언론인을 올렸다. 언론인은 도덕의 상징이기 때문에 전쟁 전에 나치즘을 찬양하고 나치즘을 확고한 자기 신념으로 한 협력언론인이나 전쟁 전엔 반 나치였다가 점령당하자 나치의 선전원으로 전락한 매춘언론인이나 똑같이 엄벌했다. 더욱 놀라운 것은 2차대전 중 프랑스 비시정부의 수반이었던 필립 베탕이 종전 후 나치독일군에 협력하고 조국을 배반한 죄로 무기징역형을 받고 95세에 옥사했다는 사실이다.

이제 일 주일 후면 제 69주년 광복절이다. 우리도 프랑스처럼 펜으로 반역한 친일반민족행위자를 완벽하게 처단해야 한다. 69년이나 지났으니 이제 용서하고 화합하는 것이 낫지 않느냐고 주장하는 사람도 있지만 이는 절대로 아니다. 친일세력을 제거하지 않고는 국가가 절대로 바로 설 수 없다. 특히 펜으로 부역한 친일파의 척결을 서둘러야한다. (2014. 8. 7.)

국민의 뇌리에서 지워진 치욕의 역사

아무런 뉘우침도 없이 경술국치 104주년 기념일을 허망하게 보냈다. 강제징용과 수탈, 탄압으로 희생당한 사람이 800만 명에 이르는데, 친일파의 역사왜곡 탓인지 우리는 그 아픔을 벌써 잊었다. 오욕의 역사가 반복되지 않기 위해서는 늘 되새기고 적에 대한 경계의 끈을 놓지 말아야 하는데 국민 대다수가 경제에 목을 매고, 국가는 국치일을 달력에 표시조차 않는다.

영광의 날보다 치욕의 날을 더 기려야한다. 중국은 일제침략일인 7월 7일을 대대적으로 기린다. 올해는 시진핑 주석이 일본의 과거사 역주행을 강력하게 비판했다. 우리도 이렇게 8.15보다 8.29 국치일을 더 상기하고, 일본의 재침략에 대비해야하는데 자꾸만 거꾸로 간다. 6.25는 가족끼리 싸운 것이고, 8.29는 한반도를 일본에게 36년 동안 핍박당한 강점의 출발점이다. 패망한지 69년이 지났지만 사죄 한 마디 하지 않고, 오히려 전쟁준비에 몰두하고 있는 일본과 이대로 우호적인 관계를 유지하는 것은 독사의 굴에 발을 담그는 것과 같다. 위안부 강제동원을 인정한 고노담화를 수정하지 못해 안달하며, 미국을 부추겨 집단적자위권을 얻어내고 호시탐탐 재침을 노리고 있는 일본은 우리가 가장 경계해야할 주적이다.

전범의 피를 이어받은 아베의 망발을 보면서도 이렇게 어물어물 세월을 보내다가는 반드시 또 당한다. 전쟁은 총과 대포로 하는 것이 아니라 정신력으로 하는 것이다. 통일신라 이후 고구려 땅을 모두 잃고 한반도에 갇힌 우리 민족이 수많은 외침을 받았지만, 이렇게 굳건히 지켜내고 있는 것은 민족에 대한 자부심과 충성심의 결과이다. 우리는 어떠한 상황에서도 좌절하지 않고 항상 대차게 저항했다. 그래서 로마보다 더 강성했던 원나라도 우리를 완전하게 굴복시키지 못했다. 강화도 항몽항쟁을 꺾지 못한 원나라가 비겁한 고려의 집권세력을 꼬드겨 잠시 어려운 시절이 있었지만 원나라가 고려보다 먼저 몰락했다.

경술국치일은 절대로 잊지 말아야한다. 1910년 8월 29일, 내각 총리대신 이완용과 일본 통감 데라우치가 맺은 조약으로 조선이 일본에 강제병합 되고, 국민이 주권을 완전히 빼앗긴 날이다. 1905년 8월 12일 맺은 을사늑약으로 외교권을 잃고 허둥대는 사이 능지처참해도 부족한 만고의 역적, 이완용이 일본에게 덜컥 나라를 바쳤다. 조약이란 국가 간의 합의에 따라 권리와 의무가 법적 구속력을 갖도록 규정하는 것이기 때문에 그 날 이후로 우리 국민은 노예적인 삶을 살았다. 일본인의 증언에 의하면 성노예 한 명이 하루에 수백 명의 군인을 상대하기도 했다고 한다.

친일파척결을 서둘러 마무리해 재침을 노리고 있는 일본의 예봉을 꺾어야한다. 치욕의 역사를 망각해서는 절대로 안 된다. 식민지 근대화론을 신봉하거나 아픔을 잊고 일본과 화해하자고 하는 것은 친일파와 거짓 평화주의자들의 술책이다. 용서란 범죄자가 범죄사실을 시인하고 사죄한 후에 행하는 것이다. 당한 사람이 먼저 손을 내미는 것은 노예근성이요, 수치스런 아부행위다. 일본을 우호적인 눈으로 봐서는 절대로 안 된다. 일본은 독일과 다르다. 정의라곤 손톱만큼도 없는 사악한 깡패집단이다. 한말의 역사를 재현하지 않으려면, 아니 통일을 이루기 위해서라도 중국과 손을 잡고, 남북이 합심하여 일본의 야욕을 분쇄해야한다. (2014. 8. 31.)

역사에서 미래를 보자

2014년 12월 26일. 국방부가 한일 사이에 미국을 끼워 넣어 한일 군사정보공유협정을 체결해 한일 군사협력의 빗장을 풀었다. 북한의 핵과 미사일 위험에 관한정보로 한정한다는 꼼수로 여론을 호도하고 있지만, 미국주도의 MD를 구축하기 위한 전초단계이며 일본의 집단 적자위권을 용인하는 수순이기 때문에 통탄스럽다고 하지 않을 수 없다.

한반도를 36년간이나 강점하고, 잔악한 만행과 살육을 일삼았으며, 패망 후 70년이 되도록 사죄하지 않는 일본과 군사정보를 공유하려는 발상이 참으로 한심하다. 군사기밀 누설을 합법화하려 했으니 이적행위일 뿐만 아니라, 일본의 군국화에 동조한 셈이니 반역행위가 맞다. 1905년의 을사늑약, 1965년의 한일협정에 버금가는 행위이며, 미국의 강요에 의한 협정이라면 조선을 질곡에 빠뜨린 도화선이 되었던 '가쓰라-태프트 밀약'과 같다.

한일군사정보공유협정은 실무 논의 과정에서 추진 경과를 거의 알리지 않고 있다가 타결하기직전에 일본 언론을 통해 보도가 흘러

나오자 사실을 공표한 것으로 미루어 보면 사실상 이명박 정부가 추진하려다가 여론의 뭇매를 맞고 취소한 한일군사정보포괄보호협정을 우회적으로 추진한 셈이다.

한일군사정보공유협정은 용어부터 국민을 속였다. 비공개 의결과 국회의 인준이 필요 없는 국방부서간 약정으로 체결했기 때문이다. 한일이 직접 군사정보를 주고받는 구조가 아니지만, 미국을 통해 주고받는 것이라서 어쩌면 더 위험할 수도 있다. "한미군사비밀보호협정"과 "미일군사비밀보호협정"을 근거로 양국이 모든 군사정보를 공유할 수 있기 때문에 우리의 군사정보가 모두 일본으로 넘어갈 수 있다.

군사협정은 양국의 신뢰도가 높을 때에나 가능한 것이다. 서로 신뢰할 수 없는 상태에서 군사정보를 공유하는 행위는 적국에 군사기밀을 넘겨주는 것과 같다. 또한 한일군사정보공유협정 체결로 일본의 군국화에 가속도가 붙을 것이다. 그렇지 않아도 자위대를 군대로 전환하기 위하여 평화헌법 제9조를 개정하려고 혈안인 마당에 한일군사정보공유협정으로 이를 용인한 셈이다. 해외에 자위대를 파견하고 공격적 자위권 발동을 합법화 하려는 일본의 극우세력에게 완벽한 빌미를 제공했다. 미래에 반드시 발발할 한일 전쟁에서 우리 군의 패배를 기정사실화 하는 것이나 다름없다. 한일전쟁이 발발했다고 가정해보자. 그래도 우리를 도와줄 사람은 우리와 피를 나눈 북한뿐이질 않는가? 북한을 따돌리기보다 설득하고 달래서 통일을 이루고, 중국과 함께 일본을 견제해야 우리 민족이 살아남을 수 있다.

박 근혜 정부는 광우병 소고기 수입반대를 반미로 몰아 격하시키려고 한 것처럼 한일군사정보공유협정에 대한 반대를 반공을 내세워 이념의 문제로 축소시키려 한다. 한일군사정보공유협정은 미국주도의 미사일방어(MD)체제 편입의 시발점이 될 것이라 중국의 반발이 우려되는 참으로 위험한 망발이다. 한일군사정보공유협정은 미국이 꿈꾸는 대중 포위 전략의 시작이 확실하며, 미국의 패권전략의 일환인 대중 포위 전략이라면 우리나라에 결코 이로울 것이 없다. 강점에 대한 사죄도 배상도 없는 야만적인 일본을 돕고, 머지않아 미국을 능가할 경제대국으로 부상하고 있는 중국을 고립시켜 우리가 얻을 수 있는 것이 무엇인가? 중국은 우리나라의 최대무역국이다. 그것도 우리의 최대 흑자무역국이다.

참으로 안타깝고 부아가 치민다. 조선말의 상황과 닮아도 너무 닮았다. 일본의 강점을 되풀이하지 않고 싶다면 우리 민족의 정체성을 확립하고, 역사에서 교훈을 얻어야한다. 민족의 단합된 힘으로 친일파를 축출하고, 눈에 불을 켜고 일본을 경계해야한다. 천손민족이여! 역사에서 미래를 보자. (2015. 1. 31.)

제2부

생각에 생각을 더하다

新 正名論

호랑이는 죽어서 가죽을 남기고, 사람은 죽어서 이름을 남긴다. 호피는 그 어떤 동물의 가죽보다 품위가 있고 아름답다. 세상에 태어나서 죽지 않는 사람이 없고, 살아온 모습은 이름에 고스란히 남는다. 그러므로 호랑이는 가죽 때문에 죽고, 사람은 이름 때문에 죽는다.

호랑이는 먹이사슬의 최상층부에 있지만, 한국의 민속에서는 해학적이고 다감한 우리의 이웃이었다. 우리와 서로 교감을 나누며 우리 문화를 함께 지켜왔던 호랑이가 이 땅에서 완전히 모습을 감춘 것은 불과 100년을 넘지 않는다. 생태계 파괴로 인한 먹이사슬의 변화 때문이 아니라 아름다운 호피 때문이었다. 높은 가격과 꾸준한 수요로 직업적인 포수에겐 호피가 로또이기도 했지만, 자세히 들여다보면 우리 민족을 철저히 유린하려는 일본의 간교함이 숨어 있다. 일제가 호환에 시달렸던 조선인을 돕겠다는 명분아래 해수구제사업(害獸驅除事業)을 시행해 한반도의 생태계를 크게 훼손했다. 호랑이를 닮아 절대로 굴하지 않는 조선청년의 기개를 꺾고, 아름다운 호피를 황실의 귀족들에게 헌정하기 위한 꼼수로 경찰과 민간인 9만 명을 동원해 해수구제사업을 벌려서 우리 땅에 호랑이가 사라졌다.

살아서나 죽어서나, 사람들은 자신의 이름이 널리 회자되기를 소망한다. 이름에 화려함을 입히고, 존귀함을 덧칠하기 위해 온갖 술수를 다 쓴다. 마치 높은 지위가 최고인 양 명예를 탐하고, 재물로 이름을 얻을 것처럼 재물 모으기에 매진하다가 자신도 모르는 사이에 허탈하게 죽음을 맞는다. 심지어는 어떤 사물의 실체를 알기 전에도 이름의 지배를 받는다. 로마 황제 마르크스 아우렐리우스가 마르코만인과의 전쟁에서 사자와 함께 돌진하였다. 마르코만 병사들이 두려워 떨며 "저것이 무슨 짐승인가?"하고 머뭇거릴 때 마르코만 장군이 "저것은 개다, 로마의 개다"라고 말하니 마르코만 병사들이 사자임을 잊고 미친개를 두드려 잡듯이 사자를 때려죽이고 마침내 그 전쟁에서 승리하였다고 한다.

이름을 안다는 것은 이렇게 그것을 거의 다 이해한다는 것을 의미한다. 사람들은 모든 것의 내용을 그 이름을 통하여 이해한다. 병상에서 병을 앓고 있을 때, 우리의 최대 불안은 지금 우리가 앓고 있는 병이 무슨 병이냐는 것이다. 의사의 진단에 의하여 병명이 밝혀졌을 때엔 그 병의 반이 이미 치료된 것이나 다름없을 만큼 안도한다.

사람은 한 개 이상의 이름을 가지고 있다. 그리고 그 이름을 자기의 이름으로 인식하지 못하면 그는 이미 영혼을 잃어버린 사람이다. 자로가 "정치란 무엇입니까?"라고 물었을 때, 공자가 정치란 이름을 바로잡는 것, 正名이라고 말씀했다. 이름을 올바르게 세워야 말이 바르게 사용되고 사회적 질서가 바르게 유지될 수 있기 때문이다. "君君

臣臣 父父 子子" 임금은 임금답고, 신하는 신하답고, 어버이는 어버이답고, 자식은 자식다워야 한다. 아버지가 아버지의 본분을 잃어버리고 자신만을 위해 방탕하거나, 어머니가 아내로써의 역할을 포기한다면, 아들에게 부모에 대한 공경심이 없다면 그 가정은 결국 파경을 맞는다. 국가도 사회도 똑같다. 그 구성원인 국민이 본분을 잃고 이름값을 다하지 못한다면 그 국가는 반드시 멸망한다. 대통령이 대통령답지 못하면 나라가 온전할 수 없다.

우리는 이름을 얻는 것과 이름을 부여하는 것에 두려움을 가져야 한다. 설사 이름을 얻었다 하더라도 그것을 지탱할 힘이 없다면 결국 불행에 빠진다. 자신만 피해를 입는 것이 아니라 그가 속한 조직, 국가와 민족까지도 궤멸시킬 수 있다. 이름을 얻는 것에 조급해서도 안 되고 탐욕적이어서도 안 되지만, 이름을 얻었다면 그 이름에 합당한 사람이 되도록 최선을 다해야 한다. 시인이라면 시로, 소설가라면 소설로 사회에 대해, 국가에 대해 할 말을 해야 한다. 아름다움이란 고운 것이 아니라 깨끗한 것이고 올바른 것이다.

그러므로 어떤 것에 이름을 부여할 때, 그것의 역할에 걸맞은 이름을 선택해야한다. 그것의 기능을 파악하고 실체적 가치를 고려하여 그것에 합당한 이름을 붙여야하고, 그렇게 불리어질 때 그것이 바로 설 수 있다. 무릇 세상에 존재하는 모든 것에 정당한 이름을 부여하자. 설사 보잘 것 없이 하찮은 것이라고 할지라도 이름을 얻었다면 반드시 그 이름값을 해야 한다. 正名은 사회적 지위에 맞는 책임과 의무를 다하는 것이다. (2012. 12. 20.)

동학혁명의 유산

프랑스 혁명이 근대 민주주의의 단초가 되었다면, 동학혁명은 민족주의와 항일운동의 뿌리이고, 삼일운동을 비롯한 419혁명, 6월 항쟁, 광주민주화운동의 자산이다.

동학혁명은 동학의 이념을 직접 실현하려고 한 농민항쟁이었다. 친일사학자의 식민사관에 의해 동학란으로 기술되기도 했지만 반외세를 표방한 민주화운동이고 반상철폐를 주장한 반 왕조적인 사회개혁운동이었다. 고부군수 조병갑의 가렴주구로 촉발되어 조정에 반기를 드는 민란의 과정을 밟았지만, 일본이 자발적으로 개입하여 동학혁명은 결국 일본과의 전쟁이 되었다.

동학혁명은 일본군과 친일세력이 주도하는 관군에 의해 진압되었으나 민주와 민족을 지향하는 그 순수성은 아직도 계속되고 있다. 치열한 항일세력으로 거듭나 독립의 밑거름이 되었으며, 해방 후에는 人乃天이라는 동학의 숭고한 이념으로 민주화 운동의 정신적 지주가 되었다. 동학의 중심사상인 인내천은 평등이요, 제세구민(濟世救民)은 사랑이다. 그 어떤 종교의 교리보다 높은 인본주의 정신이 고스란히 담겨있다.

동학은 종교라기보다 기독교와 서양 문화, 그리고 그 이념에 대비되는 개념으로 탄생한 일종의 문화운동이다. 1860년 조선 말기, 전통과 근대, 동양과 서양이 첨예하게 부딪치던 정치적 격변기에 민족의 주체성과 도덕의식을 바로 잡는 것이 조선의 살 길이라고 생각한 수운 최제우 선생이 서학에 대처하여 민족의 주체성과 도덕관을 바로 세우고, 그 튼튼한 기틀위에 국권을 흔들리지 않게 할 수 있는 새로운 도를 구하려고 하였다.

동학의 창시자인 수운 최제우는 링컨이 노예 해방을 주장하기 3년 전에 자기 집에서부터 노예해방을 직접 실천했다. 사실 링컨의 노예 해방은 인본주의에 기반을 두고 있다기보다는 산업화가 급속히 이루어지고 있는 북부에 인력을 공급하기 위해 남부와 벌인 인력전쟁과 헤게모니 싸움일 뿐이다. 이것은 지금 미국사회에서 진행되고 있는 흑백 인종갈등을 보면 짐작할 수 있다. 비록 오바마가 대통령에 당선되면서 흑백갈등이 조금 약화된 것처럼 보이지만 처음부터 순수성이 의심되는 링컨의 노예해방은 아직도 끝나지 않고 계속되고 있다.

최제우 선생은 동학을 펼치기에 앞서 여종을 며느리와 수양딸로 삼는 파격적인 노예 해방을 단행했다. 그리고 인도주의를 강조하며 성실과 신의로써 밝은 새 세상을 여셨기에 동학혁명으로 반상이 철폐되고, 봉건적인 사고의 틀이 완전히 깨졌다. 동학은 형식적이고 절차적인 민주주의가 아닌 내용적이며 실질적인 민주주의를 구현하였다. 진리를 외적 절대자나 종교조직, 타자에게서 구한 것이 아니라 자기 자신에게서 찾았다. 모든 개체가 평등하고 天,地,人이 하나로 관통된다(億兆蒼生 同歸一體)고 보았다. 당시 조선이 안고 있는 절대 절명의 과제인 사회개혁과 외세침탈 배격, 반봉건, 반외세를 기치로 한 평등사회 구현이었으나 우금치 전투에서 남북접 연합군이 패배함으로써 모든 꿈이 수포로 돌아갔다.

그러나 우리의 보수 세력은 그 뿌리를 무시하고 반공의 기치를 내건 친일세력과 수구세력의 횡포에 굴복해 아직도 진정한 동학 이념의 구현과 진정한 의미의 해방을 맞지 못하고 있다. 친일세력을 전혀 정리하지 못해서 민족 대통합과 통일의 날이 더 요원해지고 있다. 반공과 경제개발논리에 발목이 잡혀 한 발짝도 앞으로 나가지 못한다. 친일이라는 반민족적 역사범죄에 대해 전혀 단죄가 없었기 때문이다.

깨어 일어나야 한다. 경제에 발목이 잡혀 빛을 잃고 있는 도덕성을 회복하고 전도된 가치관을 바로 세워야 한다. 우리 민족이 건재하기 위해서는 기득권을 놓지 않으려는 얼치기 보수가 아니라 민족을 사랑하고 국가의 안위를 최고의 덕으로 여기는 진정한 보수가 출현할 수 있도록 모든 국민의 역량을 한 곳으로 모아야 한다. 정치, 군사적 식민지배 보다 경제, 문화적 식민지배가 삶의 질을 훨씬 더 심각하게 훼손한다는 것을 깨달아 외세를 배격하고, 진정한 보수적 가치, 동학을 가슴에 철저히 각인해야한다. (2012. 12. 20.)

신자유주의가 조장한 문화사대주의의 범람

"정신적 국가만 망하지 않는다면 형식적 국가는 망하였을지라도 그 나라는 망하지 않은 나라다."

대한민국 임시정부 제2대 대통령 백암 박은식 선생의 말씀이다. 국민의 민족적 정체성이 확고하고 국가관이 뚜렷하며, 정의와 도덕의 토대위에 세워진 국가라면 절대로 망할 수 없다는 뜻이다. 우리 민족이 무수한 열강의 침략을 막아내고 세계 11위의 경제대국으로 우뚝 선 것도 우리 국민의 절대로 흐트러지지 않는 저항의식과 근면하고 성실한 민족성 탓이다. 경제적 토대가 아무리 튼튼하다고 해도 국민에게 역사의식이 없고 도덕성이 희박하면 그 국가가 멸망하는 것은 시간문제일 뿐, 패망은 필연이다. 도덕적 해이가 극에 달한 한국의 정치가들이 꼭 가슴에 새겨야할 규범이 아닐 수 없다. 선생은 옳지 못한 것을 매섭게 꾸짖고 사리를 정확하게 구분하는 언론인으로 언론을 항일운동과 정치활동의 방편으로 삼으셨다.

이명박 정부 5년은 철저하게 망국의 길을 걸어온 시기이다. 뻔뻔스럽게도 국격을 높이고 도덕적으로 완벽한 정권이라고 주장하지만 그가 자신 있게 말하는 재정경제정책도 거짓말로 시작해 거짓말로 끝났다. 대규모 부자감세로 세입기반이 완전히 붕괴되어 임기동안 국가채무를 146조나 늘려놓았다. 민생과 재정을 완벽하게 파탄 내, 박 근혜 정부는 시작하자마자 추경을 편성해야 하는 난관에 부딪혔다.

경제정책의 실패는 그래도 낫다. 모든 정책을 신자유주의의 토대 위에 두고 과도한 경쟁을 부추기고 역사교육을 소홀히 하여 문화사대주의를 조장한 것이 더 큰 문제이다. 1979년부터 1990년까지 집권하면서 레이건과 함께 신자유주의 바람을 일으켰던 마거릿 대처 수상의 장례식을 두고 평가가 엇갈린 것처럼 신자유주의를 신봉한 이명박의 평가도 결코 좋을 수 없다. 파업의 상시화, 복지지출 과잉 등, 영국병을 치유하여 영국을 구했다는 평가가 있지만, 전면적인 시장개방정책을 기조로 하는 신자유주의를 표방한 대처리즘은 영국뿐만 아니라 세계에 1% 가진 자와 99% 못가진 자로 상징되는 불평등경제의 비옥한 토양이 되었고, 그래서 임기를 다 채우지 못하고 하야해야했다.

신자유주의는 경쟁의 부추김이 가장 큰 문제점이다. 이명박 정부는 심지어 교육정책에까지 경쟁을 도입하여 고교평준화를 용도폐기하고, 고교다양화 300 프로젝트로 고교서열화를 조장함으로 사교육이 폭발적으로 증가하게 했다. 더욱 시장이 개방된 무한경쟁시대에 대처한다는 명분으로 영어교육을 강화하여 문화사대주의의 범람을 초래했다. 심지어 국사과목을 대입수학능력시험에서 이과는 아예 폐지하고, 문과는 선택과목으로 지정하여 학생들이 영어수업에 몰입할 수밖에 없도록 만들었고, 우리 청소년을 문화적 이단아, 역사적 문맹으로 만들었다. 서양은 오히려 동양의 철학과 문화에 심취해 있는데 우리나라는 거꾸로 외래문명에 혼을 내준 꼴이다. 욱일승천기 모양을 배경으로 홍보지를 만든 디자인과 대학생에 대해 중고등학생들의 반응을 들어보니 7차 교육과정의 패해가 그대로 드러났다. 별로 나쁘지 않은 것 같다고 하거나, 오히려 디자인이 문제라는 것이 억지가 아니냐고 반문하는 학생도 있었다. 전범기인 욱일승천기를 의상디자인에 아무렇지도 않게 사용하는가 하면 심지어 이완용을 일제와 맞서 싸운 분이 아니냐고 하는 학생, 야스쿠니 신사를 젠틀맨이라고 하는 학생도 있다고 한다.

국사교육폐지와 문화사대주의의 폐해는 실로 치명적인 수준이다. 국기를 흔들 만큼 청소년의 국가관이 훼손됐고, 국민의 애국심에 극심한 생채기를 남겼다. 한국인을 위한 광고인지 외국인을 대상으로 하는 광고인지 분간이 어려울 만큼 광고방송은 영어투성이다. 심지어 주민자치센터 등 관공서명칭까지 영어가 판을 친다. 외국 유명상품을 명품으로 생각하는 것과 외국 학벌을 존중하는 문화사대주의가 날이 갈수록 심화되고 있기 때문이다. 외래문화지향적인 문화사대주의를 하루빨리 청산해야한다. 정신적국가가 망하면 형식적국가가 망하는 것은 필연이다. 서양문화의 범람을 차단해 우리의 미래인 청소년이 우리 문화정체성을 갖고 올바로 자랄 수 있는 토양을 조성해야한다. (2013. 5. 9.)

실천하는 것이 아는 것이다.

踏雪野中去　눈 덮인 들판을 걸어갈 때
不須胡亂行　발걸음 하나도 어지러이 하지마라
今日我行跡　오늘 내가 걸어가는 발자취는
遂作後人程　뒷사람의 이정표가 될 것이다.

민족의 영웅 김구 선생님의 휘호를 읽으며 잠시 내 삶을 뒤돌아봤다. 오로지 국가와 민족을 위해 한 점 흐트러짐이 없이 사셨지만, 안타깝게 반민족 세력의 흉탄에 서거하신 선생님의 삶에 부끄럽지만 부족한 내 삶을 투영해 본다. 지난 육십년의 내 삶이 후학들에게, 아니 내 자녀의 삶에 누가 되지는 않았을까? 책을 통해서 얻은 지식보다 부모의 행실을 보고 체득한 지혜가 훨씬 값진 것일 진데 물질에 휘둘린 지난날의 내 삶이 두렵고 무섭다.

어떻게 사는 것이 훌륭한 삶인가는 사람마다 다를 수 있다. 옛 성현의 가르침에 크게 저촉되지 않았다면 잘못 산 삶은 아닐 것이지만 그래도 왠지 나는 불안감을 떨쳐낼 수가 없다. 논어 마지막 장에 나오는 공자의 三知에 비추어 볼 때 나의 삶이 정도가 아니었음을 자인한다. 젊은 날에 三知를 깨닫고 마음을 다스렸다면 지금보다는 훨씬 나은 모습일 텐데, 너무 아쉽고 부끄럽다.

知命, 知禮, 知言의 三知는 입신양명의 길을 말하기보다 사람이라면 어떻게 살아야하는가를, 무릇 모든 인간이 참되게 사는 길을 제시하고 있다. 2500년 전의 시대상황에 맞는 말씀이라기보다 오히려 물신주의에 사로잡힌 현대인에게 더 귀감이 되는 삶의 지침이라고 생각한다.

不知言 無以知人也(부지언 무이지인야, 말을 이해하지 못하면 사람을 알지 못한다.) 말은 인간관계를 형성하는 고리이며, 말의 중요성은 아무리 강조하여도 지나치지 않다. 사람과 짐승의 삶이 갈리는 것은 사람에게 말이 있기 때문이다. 그러므로 등 뒤에서 험담이나 하고, 상대를 칭찬하는 일에 인색하면 결코 관계를 오래 지속할 수가 없다. 칭찬은 고래도 춤추게 한다는 속담이 있듯 칭찬과 감사의 말 한마디가 세상을 바꿀 수도 있다.

知言의 첩경은 경청이다. 정치가라면 국민의 소리에, 경영자라면 노동자의 소리에, 그리고 부모는 자녀들의 소리에 귀를 기울여야 한다. 아래로부터 들려오는 소리에 귀를 막은 조직은 반드시 궤멸한다. 상대방의 의견을 존중하지 않고 묵살하면 관계가 오래 지속되지 못한다. 사람에게 귀가 둘이고 입이 하나인 것은 말하기보다 듣기에 더 많은 시간을 할애하라는 뜻이 담겨있다고 하지 않던가?

그러나 나는 지언(知言)의 삶을 살지 못했다. 내 주장이 너무 강하고 상대방의 의견에 쉽게 마음을 허락하지 않았다. 역사적 격변기에 살아 비판에 적극적이고 칭찬에 인색한 한국의 전후세대 역시 자녀의 가슴에 깊은 상처를 남겼을 것이다.

부처님 말씀에 "실천하는 것이 아는 것이다"라는 말씀이 있다. 아무리 많은 지식을 소유했다고 해도 실천하지 않으면 알지 못하는 것과 같다고 한다. 상대를 인정하는 말 한마디가 조직을 살린다. 남은 생, 그 시간이 얼마가 될지는 모르지만 이웃의 말을 경청하고 그들과 아름다운 소통을 위해 욕심을 내려놓아야겠다. 오늘 내가 걸어가는 발자취가 내 아이들에게 좋은 이정표가 될 수 있도록 이제는 칭찬과 감사의 삶을 살아야겠다. (2013. 5. 25.)

천명(天命)을 받들어 나를 세우자

공자는 사십에 사물의 이치를 터득하고 세상일에 흔들리지 않았으며(不惑), 오십에는 천명을 깨달아 세상을 보는 관점이 바뀌었고(知天命), 육십엔 천지만물의 이치를 터득하여 남의 말에 노여움을 타지 않고 듣는 대로 이해할 수 있었다(耳順)고 하며, 논어 마지막 장에 "不知命 無以爲君子也(부지명 무이위군자야, 천명을 알지 못하면 군자가 아니니다.)라는 말씀을 남겼다.

知命(지명)은 知天命(지천명)이요, 天命(천명)을 받아들이는 것이다. 그러므로 하늘이 지은 명에 순응하고, 하늘이 부여한 자신의 능력을 믿고 욕심 없이 살아가는 것이 군자의 삶이다. 어떤 이유로, 어떤 목적 하에 태어났는지를 안다면 어느 누구도 허투로 살지 못한다. 이 땅에 태어나 시대적 요구에 부응하고 하늘의 뜻인 홍익인간을 펼치는 일이야말로 한국인이 반드시 지켜야할 첫째 덕목이다. 시대에 걸맞지 않는 낡은 가치, 경제논리에 빠져 시대의 윤리에 역행하는 것은 不知命(부지명)이요, 하늘에 반기를 드는 것이다.

또한 知命(지명)은 召命(소명)을 깨닫는 것이다. 크게 성공한 사람은 모두 자신의 일을 즐긴 사람이다. 소명의식을 갖고 자기의 직업에 최선을 다하면 반드시 놀라운 결과를 얻는다. 그래서 직업을 밥벌이 수단쯤으로 여기어 소홀히 하는 사람은 절대로 성공할 수가 없다. 타고난 소질과 역량에 맞는 일을 선택하여 최선을 다하는 것이 행복이고, 그것이 곧 하늘의 뜻을 따르는 소명이다.

知命의 또 다른 의미는 생명존중이다. 모든 생물이 하느님의 命으로 태어났으니 그 존재 가치가 같다. 거지건 제왕이건 똑같은 인권을 누릴 권리가 있고, 모든 생물이 하나의 명으로 태어났으니 무릇 모든 생명을 소중히 다뤄야한다. 생명을 가볍게 여기고, 인권을 유린하는 것이야말로 가장 사악한 不知命(부지명)이라 하지 않을 수 없다. 경제가 고도성장을 거듭하면서 물신주의에 슬그머니 자리를 내준 도덕성과 인권을 회복하는 것이야말로 천명을 가장 잘 받들어 모시는 일이다.

TV조선과 채널A에서 5.18 광주민주화운동 당시 "북한특수부대 개입설"을 보도해 국민의 분노가 부글부글 끓고 있다. 5.18에 대한 모독이자 막장 방송의 전형을 보여주는 행위이다. 북한의 특수부대가 어떻게 그렇게 신출귀몰하게 침략했다는 말인가? 북한군이 신의 군대라도 되는가? 저들을 저렇게 방치해둬도 국가의 안위에 탈이 없겠는가? 민주당 미디어팀장 신경민 의원이 지적했듯이 이것은 명백히 북한을 찬양하는 것이다. 이런 상식 이하의 막말이 방송된 것은 그저 우연히 행한 것이 아닐 것이다. 거대한 조직과 음모가 숨어 있다. 저들이야말로 진정 반역의 무리다. 수구세력에 의해 진실과 하늘의 뜻이 왜곡되고 있는 정치 현실이 너무 참담하다. 유신이 경제 논리에 포장되어 미화되는 것도 모자라, 국제 법학자들이 최대의 사법살인이라고 칭하는 인혁당 사건을 두고도 역사를 왜곡하고, 사법부의 판결을 폄하하려는 세력이 있다.

천손으로 태어났으면서도 천손으로 살지 않으려고 하니 울화가 치민다. 민주와 인권이 근본인 이 시대에 하늘의 자손임을 망각하고 맘몬의 노예로 살고 있는 것이다. 천명을 가슴에 담고 손을 모아 차분히 생각해보자. 설령 이들을 지지하지 않는다고 하더라도 이렇게 묵묵히 입을 닫고 있다면 그들을 암묵적으로 지지하는 것일 진데, 그렇다면 결국 우리는 그들과 한패거리가 아닌가? 경제 지상주의를 표방하며 MB정부를 산출했다가 5년 만에 정치도, 경제도, 도덕도 모두 말아먹은 것을 보고도 아직까지 정신을 차리지 못하고 있으니, 이제 우리의 민족혼이 사그리 죽었나보다. 박정희식 경제발전을 동경하고, 식민지근대화론 같은 식민사관을 가진 뉴 라이트 집단의 횡행을 용인하는 것을 보면 우리 민족의 미래를 어찌 밝다고 할 수 있겠는가? 우리 모두 天命(천명)을 받들어 천손사상을 일으켜 세우고, 잃어버린 민족의 정체성을 되찾아 인권을 회복하며 나를 바로 세워 민족을 살리자. (2013. 6. 13.)

보여주기 위한 삶에 빠진 한국인

인류의 역사를 바꾼 인물 다섯을 꼽으라면, 첫째가 상대성이론으로 물리학의 혁명을 이룬 '아인슈타인'이고, 공산당선언을 만든 '칼 마르크스', 무의식의 세계를 연구한 '프로이드', 물리학의 아버지 '뉴턴', 진화론의 '다윈'이라고 할 수 있다. 그리고 이렇게 세계를 움직인 다섯 명중 다윈을 뺀 네 명이 모두 유대인이라는 사실이 놀랍다.

유대인만큼 인류문명발전에 기여한 민족이 없다. 역대 노벨상 수상자의 30%이상이 유대인이라는 통계가 이 사실을 잘 증명해주고 있다. 지난 100년간 노벨상을 받은 사람 300명중 유대인이 100명을 넘는다. 노벨 경제학상 수상자의 65%, 의학상 수상자의 23%. 물리학상 수상자의 22%를 유대인이 차지했다. 이러한 저력과 민족의 정체성을 바탕으로 AD 70년에 망한 나라를 1878년만인 1948년에 되찾았다. 경이로움을 넘어 무섭기도 하다.

이런 유대인의 위대성은 어디에서 나오는 것일까? 유대인이 특별히 두뇌가 명석하거나 하느님의 특별한 보살핌이 있어서는 결코 아니다. 그들은 삶의 자세가 우리와 다르다. 부모로부터 받는 가정교육이 유별나다. 유대인은 영원이 살 것처럼 배우고, 내일 죽을 것처럼 살라고 가르친다. 아이들에게 직업기술을 가르치지 않는 것은 강도를 키우는 것과 같다고 말한다. 고난의 역사교육을 통해 독립심을 키우고, 토라를 통하여 자신이 누구인지, 역사가 어떠한지를 익히는 뿌리교육을 통하여 민족의 정체성을 확립한다.

유대인 아버지는 어떻게 행동하느냐를 가르치고, 유대인 어머니는 어떤 사람이 되느냐를 가르친다. IQ는 아버지로부터 받고, EQ는 어머니의 교육을 통해 얻는다. 그러므로 아버지가 이방인이어도 어머니가 유대인이면 유대인으로 받아준다고 한다. 유대인 어머니의 교육이 걸출한 유대인을 양산하는 원동력이기 때문이다.

유대인 어머니는 "남보다 뛰어나라"가 아니고 "남보다 다르게 되라"고 가르치고, "자신의 생각을 말하는 것을 두려워하지 말라"고 강조한다. 아이들이 학교에서 돌아오면 무엇을 배웠느냐고 묻지 않고, 어떤 질문을 했느냐고 묻는다. 많은 질문과 토론으로 논리력과 사고력을 키우는데 집중한다. 그리고 "싫으면 하지 말고, 하려거든 최선을 다하라"고 가르침으로 적극적인 인성을 키워주고, "부자가 되려면 자선을 많이 하라"고 가르쳐 최고의 경영능력을 키워준다.

유대인이 세계를 쥐락펴락할 수 있는 힘은 이렇게 위대한 유대인 어머니에게서 나온다. 그러나 우리나라의 어머니는 어떤가? 유대인의 토론교육의 시작인 식탁에서 한국인은 말이 없다. 다름과 틀림을 구별하지 못하여 다르면 틀리다고 단죄한다. 이기는 것과 보여주는 것에 집착하고, 성적에 목을 맨다. 성형수술과 화장품사용이 세계

1위인 것을 보면 한국인이 얼마나 보이는 것에 집착하고 사는지를 알 수 있다. 대학생은 말할 것도 없고 중학생, 심지어 초등학생까지 화장을 하는데 아무도 말리지 않는다. 인성교육은 뒷전이다. 오로지 좋은 대학에만 가면 된다. 역사인식이나 정체성엔 별로 관심이 없고 좋은 직장만 얻으면 된다. 심지어는 할머니들까지 자녀들이 마음 놓고 일할 수 있도록 손자손녀를 돌보고 사랑해야 함에도 불구하고 아이들의 교육을 내박쳐 두고 취미활동에 빠져 아이들을 학원으로 내몬다.

한국의 미래가 암담하다고 아니 할 수 없는 가장 심각한 이유이다. 한국의 여인들이 유대인 어머니를 본받아야 한다. 행복이 성적순이 아니듯 국가의 미래도 성적순이 아니다. 남보다 뛰어나기보다 남과 다르게 살 수 있도록 교육하고, 인성은 3세 이전에 거의 다 형성된다는 사실을 가슴에 새겨 자녀들의 EQ를 위해 어머니들이 바뀌지 않으면 대한민국의 미래는 없다. 보여주기 위한 것들을 제거하는데 인색해서는 결코 안 된다. (2013. 7. 12.)

문화강국이 되기 위한 자세

정년퇴직 후 반년도 안 됐는데, 벌써 네 번째 해외여행을 다녀왔다. 일에 묶여 해외여행은커녕 국내여행도 변변히 다니지 못하다가 퇴직하고는 여행에 걸신들린 사람처럼 국내외를 넘나들고 있다. 조금 지나치다는 생각도 들지만 60평생을 시간에 쫓겨 살아온 보상이려니 생각하고 12월에 두 번째 유럽여행을 계획하고 있다.

외국에 가면 모두 애국자가 된다고 했던가, 동남아를 여행하면서 대한민국은 정말 복 받은 땅이라는 생각을 많이 했다. 기후도 좋고, 4계절이 뚜렷해 산천경관이 항상 아름답다. 대한민국처럼 물이 좋은 나라는 그 어디에도 없다. 어느 산에 가든 수정처럼 맑은 물이 흐르고, 그 어떤 곳의 물을 마셔도 걱정이 되지 않을 만큼 깨끗한 나라, 거기다가 경제마저 눈부시게 성장하여 이제 당당히 선진국대열에 합류했다. 방방곡곡에 한류열풍이 불어 어딜 가나 환대를 받는다. 월드컵 4강 신화를 시작으로 아시아를 넘어 세계 각국에 불기 시작한 한류열풍은 어쩌면 미래의 주역이 우리 대한민국임을 암시하는 하늘의 축복인지도 모른다.

물론 내가 해외여행에 빠진 것은 꼭 이런 환대에서 비롯된 것은 아니다. 그들의 사는 모습을 보고, 그들의 문화를 접하면 저절로 신명이 난다. 그들의 문화를 들여다보면 우리 문화의 보완책도 보이고 내 삶의 자세가 어떻게 달라져야 할 것인지도 알 수 있기 때문에 나는 여행을 즐긴다.

베트남 여행에서는 프랑스 여행객을 통해 아주 소중한 것을 배웠다. 하노이관광의 꽃인 수상 인형극 공연장에서 발생한 일이다. 자막도 없고 베트남 언어로 하는 것이라 이해하기가 어려워 나도 다소 지루함을 느꼈다. 악사와 가수들이 인형극 좌편에서 연주하고 객석의 규모가 우리나라 소극장 같아서 관객과 배우의 간격이 좁아 관객의 반응이 연기자들에게 바로 전달되는 상황인데 시작해서 얼마 지나지 않아서부터 하나 둘 빠져나가는 사람들이 있어 주위가 소란스러웠다. 대부분 한국의 할머니들이었다. 필자의 옆과 앞줄에 12명의 프랑스인이 있었는데 그들은 전혀 미동도 않고 관람하다가 공연이 끝나자 큰 박수를 쳐주었다. 공연 중에 곁눈질로 살펴봤을 때는 그들도 별로 재미가 없다는 듯 시큰둥한 표정을 지었는데, 그래도 끝까지 관람하고 환호로 마무리 짓는 모습이 아름다웠다. 그것은 다른 관객에 대한 배려요, 연기자들에 대한 예의이기 때문이다.

공연이 시작되기 전엔 한 사람이 팝콘 한 봉지를 사들고 와서 바통 터치 하듯 돌려가며 나눠 먹는 모습도 정겨웠다. 감동을 넘어 존경스럽기까지 했다. 여섯 쌍의 부부 모두가 돌려가며 몇 알씩 먹는 모습도 좋았고, 서너 바퀴를 순회해 한 톨도 남기지 않고 먹고는 마지막 사람이 빈 봉지를 핸드백에 넣는 모습이 문화일등강국다웠다. 그들이 돈이 없어 겨우 한 봉지를 산 것도 아닐 테고 위생관념이 없어서 손으로 집어먹은 것도 아닐 것이다. 나눔은 사랑이고, 한 톨도 남기지 않는 것은 생명존중이다. 음식은 타 생명을 뺏은 것이기 때문에 절대로 버려서는 안 된다. 한 생명을 죽여 타 생명을 살리는 일에 쓰면 살생이 아니지만 버리는 것은 살생이기 때문이다.

문화강국이 되려면 이처럼 사랑과 배려가 일상이 되어야한다. 해외여행에서 종종 부닥치는 일이지만 급격한 경제발전과 문화적 우월감에 젖은 우리나라 관광객이 순간적으로 우쭐하여 벌리는 행동이 눈꼴사나울 때가 꽤 많이 있었다. 예의가 실종된 난잡한 행위, 음주, 성추행, 과소비, 동남아인을 하대하는 작태가 여간 민망스럽지 않았다. 이제 우리도 선진국답게 자중하고, 타문화를 사랑하고 수용하는 자세를 갖춰야 한류의 위상을 더 높이고, 오래오래 지속할 수 있다고 믿는다. (2013. 11. 15.)

각주구검(刻舟求劍)

한국에는 원로다운 원로가 없다. 일제강점기와 해방 후 친일세력의 독재를 겪는 동안 전통적인 선비정신이 사라지고, 기회주의적인 입신양명에 몰입하는 야만시대를 살아온 탓인지, 자신 혹은 자파의 기득권을 지키기 위해 몽리를 부리는 사람, 건강과 장수에 집착하여 권리와 의무를 내던진 사람, 친일반민족사관에 빠져 제멋대로 매카시즘의 칼을 휘두르는 사람, 부패세력에 빌붙어 천민자본주의를 옹호하고 맘몬주의에 빠진 사람들이 판친다. 김지하 시인의 막말을 들으며 밑바닥까지 추락한 선비정신이 개탄스러웠고, 늙으면 나도 저렇게 될까봐 차라리 일찍 죽기를 빌었다. 우리나라 국민의 48%인 문 재인후보 지지자들을 향해 국가전복세력, 공산화세력이라니, 도대체 민청학련사건의 최대 피해자인 사람이 제 정신으로는 할 소리가 아니다.

대한민국엔 희망이 없다. 불특정 다수에 대한 무차별 총격, 극도로 흉포한 폭력이 난무하지만 비교적 정치가 안정된 미국과 너무 비교가 된다. 개체주의 성향이 강한 이기주의의 폐해가 극심한 미국이 붕괴되지 않고 굳건히 유지되며, 그 힘을 바탕으로 전 세계를 지배하고 있는 것은 각계각층에 든든한 원로가 포진하고 있기 때문이다. 세계적인 언어학자 "촘스키"는 어떤 불이익도 두려워하지 않고, 살아 있는 권력에 대해서도 거침없이 쓴 소리를 한다. 국가와 기업에 종속되어 국민의 기억을 지우고 비판정신을 말살시키는 언론에 대해 냉혹하게 질타한다. 설사 자국의 이익에 중대한 손실을 가져오는 문제라고 해도 원칙을 벗어난 정책에 대해서는 반드시 지적하고 개선을 촉구한다. 수백 억불을 사회에 헌납하고 자신은 겨우 50만 불짜리 집에 삼십년 이상 살며 오히려 부자증세를 요구하는 "워렌 버핏"은 존경을 넘어 경이롭다.

건강한 국가, 건전한 사회를 이루기 위해서는 "워렌 버핏"과 "촘스키" 같은 원로가 절대적으로 필요하다. 폭압적인 권력으로 통제되고 부당한 권력이 지배하는 국가는 민주국가가 아니다. 특권과 반칙이 지배하는 사회, 기회주의자가 승리하는 사회를 어떻게 민주국가라 할 수 있겠는가? 노무현 전 대통령이 그토록 타파하려고 했지만 뜻을 이루지 못했고, 이명박 정부에서는 오히려 이런 사회적 병리현상이 증폭되었다. 조중동을 비롯한 타락한 언론이 심판과 선수로 동시에 뛰고 있고, 모난 돌이 정 맞는다는 논리에 갇혀 비판정신이 사라졌기 때문이다.

원로는 연륜이나 연공서열에 의하여 구분 되어지는 것이 아니다. 공(公)과 사(私)를 분별하는 양심과 私를 거부하고 公적 지향점을 향하여 행동하는 열정이 있어야 진정한 원로다. 권리를 주장하기 전에 먼저 의무를 완벽하게 수행하고 사회정화에 앞장서야 한다. 한국의 원로라고 하는 사람들의 언행을 지켜보고, 그들을 추종하는 사람들의 행동을 보고 있으면 우리나라의 미래가 너무 걱정스럽고 역겨워 구역질이 날 지경이다.

한국인은 나이를 먹을수록 직업적 자부심이 약화되고, 판단력이 떨어져서 외부적 환경변화에 쉽게 굴복한다. 독립선언서를 쓴 최남선과 이광수의 변절과 같이 독립운동가에서 친일파로 전락한 사람, 김지하처럼 좌에서 우로, 혹은 우에서 좌로 권세나 재물을 위해, 권력의 횡포에 주눅이 들어 자신이 평생을 지켜온 사상을 하루아침에 바꾸는 노인들이 대부분이다.

刻舟求劍(각주구검. 배의 움직임을 생각하지 않고 칼을 떨어뜨린 뱃전에 표시해 놓고 칼을 찾음)식 사고가 원로의 출현을 막고 있다. 판단력이 둔하여 세상일에 어리석고, 시세변천을 몰라 낡은 생각만을 고집하며 이를 고치지 않는 어리석음과 폭압적인 권력에 대한 두려움 탓이다.

원로라면 국가와 민족을 위해 목숨을 바칠 각오로 살아야 하고, 재물이든 재능이든, 자신이 소유한 것들을 국가를 위해 사용해야한다. 전문지식을 공공의 이익을 위해 쓰지 않고 사리사욕을 충족하기 위한 수단으로 사용하는 사람은 최고의 지성이라고 해도 원로가 아니다. 절세는 죄가 되지 않지만 탈세는 반역에 버금가는 범죄인데, 세무사가 탈세를 도우면서도 떳떳하다면 그는 원로가 될 수 없다. 사회가 부패하지 않도록 감시하고, 비판하고, 부당한 권력에 대해서 과감히 항거하는 사람이 진정한 원로다. 일본이 독도를 넘보고, 미국과 중국의 패권 다툼이 치열한 외교적 위험시기에 사리사욕에 빠져 혼란을 부추기면 안 된다. 경제적 불황이 극심해 양극화로 몸살을 앓는 부조화의 시대에 한 마디라도 좋으니 부패한 기득권세력을 질책하라. 그러면 원로로 칭송되고, 그로 인해 권력의 탄압을 받는다면 누대에 걸쳐 의인으로 남을 것이다. (2013. 12. 20.)

토속문화진흥이 국태민안의 길이다

2013년은 국내외적으로 몹시 시끄러운 한 해였다. 미일이 동북아시아의 평화를 위협하는 집단적자위권을 획책하고, 내전양상으로 치닫고 있는 남수단의 종족분쟁이 세계를 전쟁의 수렁으로 내몰았다. 박근혜 정부는 기초노령연금 배분방식을 놓고 혼란을 키웠고, 국정원 대선개입사건에 발목이 잡혀 우왕좌왕하다가 의료와 철도 민영화 논란에 불길이 옮겨 붙어 민생은 아예 손을 놓고 있다. 새 정부가 출범하는 첫해에는 새로운 비전과 차별화된 정책을 제시해야 함에도 불구하고 미래지향적인 움직임이 전혀 없다. 한 것이라고는 오만과 불통, 종북몰이밖에 없어 갈등의 골만 깊게 만들었다.

박근혜정부 1년에서 가장 속상한 것은 일본에 대한 외교적 무능을 드러낸 것이다. 우리나라를 폄훼하고 저주하는 아베를 비롯한 각료들의 망언에 적절히 대처하지 못한 것도 그렇고, 평화헌법 개정과 집단적 자위권 추진, 아베 수상의 야스쿠니 신사 참배에 대해서 적절히 대처하지 못했다. 대사소환 등, 보다 강력한 외교적 조치를 취해야 함에도 불구하고 어떤 대안도 제시하지 못했다. 뜨듯 미지근한 외교적 수사만으로는 저들의 망동을 다스릴 수 없고, 결국엔 독도 침공을 시작으로 우리와 전쟁을 치룰 것인데, 너무 한심하고 답답한 세월이었다.

이러한 난감한 현실을 간파한 "우리토속문화진홍협회"가 역동적인 갑오년을 맞아 계사년의 혼란스러운 정쟁을 잠재우고 일본의 도발야욕을 분쇄하기 위해 문무대왕릉이 있는 감포에서 국태민안을 기원하는 용궁제를 올렸다. 김형식 회장을 비롯한 30여명의 무속인이 일체의 부정을 낱낱이 걷어다가 소멸하여 주십사고 발원하는 이용세 법사님의 부정경을 시작으로 정성스레 치성을 드렸다. "내가 죽으면 화장하여 동해에 장례하라, 그러면 호국용이 되어 신라를 보호하겠다."는 문무대왕의 유언에 따라 유해를 대왕암 안 수중 못에 모셨기 때문에 대왕암 해변은 문무대왕의 호국의 기가 출중하므로 우리는 일본의 망동을 제압할 수 있다고 믿었다.

대왕암해변은 우리토속문화진홍협회 외에도 경향각지에서 온 기도자로 인산인해를 이루었다. 해변에 수천 개의 촛불이 꽃처럼 피어올랐고, 그믐날 일몰에서부터 갑오년의 해가 떠오를 때까지 기도가 계속되었다. 필자가 태어나서 실로 처음 맞은 놀라운 체험이었고, 다시 한 번 토속문화의 소중함을 깨닫는 시간이었다.

우리가 살 길은 우리 역사와 문화의 진흥에 있다. 새마을 운동으로 우리의 토속문화가 거의 소멸되고, 그 빈자리를 서양문화가 차지하고 있지만 토속문화를 지키고 승화시키는 것이야말로 민족번영의 길이고 우리의 의무이다. 무속은 우리 민족의 혼과 삶이 고스란히 녹아 있는, 구천 년을 이어온 우리의 전통신앙이다. 불교도 우리의 삼신신앙을 비롯한 무속과 결합하고, 기독교도 우리의 전통신인 하느님을 차용하여 사용하고 있다. 일본의 침략의 기운이 어느 때보다 상승하고 있는 지금이 지역마다 산재해 있는 독특한 토속문화를 발굴해 고양하고, 무속을 비롯한 토속신앙을 국민 개개인의 가슴에 아로새겨 국가의 안위에 이바지할 때이다. 우리 모두 토속문화 진흥에 매진하자. (2014. 1. 10.)

네 동생이 어디에 있느냐

정치와 종교는 세상을 지탱하는 양대 축이며, 상호 보완적인 관계이다. 그러므로 정치는 종교적이어야 하고, 종교는 정치적이어야 한다. 정치가 권력에 취해 국민을 바라보지 않거나, 종교가 교리에 빠져 이타심을 잃으면 파멸이 멀지 않다. 예수를 믿는다는 사람이 현실을 외면하고 자신의 안위를 위한 기복신앙에 빠진다면 그는 진정한 기독교인이 아니다.

한국의 기성세대들, 특히 쉰 386세대의 언행을 보고 있으면 울화통이 터진다. 손자 손녀들을 그렇게 끔찍이 사랑한다고 하면서 그들의 미래가 달려있는 정치에는 관심이 없다. 철지난 이데올로기에 빠져 민주주의의 기본권마저 유린하고, 국가의 기간산업을 민영화하지 못해 안달하는 정치에 오히려 찬동한다. 4대강 대운하사업과 부자감세로 국가부채를 사상 최대로 늘려놓은 이 명박 정부와 샴쌍둥이인 박 근혜 정부를 옹호하고 있다. 기초노령연금 20만원 지급과 4대 중증질환 무상진료 공약에 현혹되어 선택하였으면서도 공약후퇴와 공약파기를 일삼는 행위와 유신회귀 행보를 아랑곳하지 않는다.

진정으로 내 자손의 안위를 생각한다면 어떻게 지금 이 정부를 옹호할 수 있는가? 공약의 파기는 이해할 수 있다고 하더라도 내 아들 딸의 미래가 달린 민주주의를 후퇴시키는 과거로의 회귀는 용서할 수 없는 일이지 않는가? 신자유주의의 가장 큰 폐해가 중산층이 줄어들어 양극화가 심화되는 것인데, 박 근혜 정부는 효율만을 중시하는 신자유주의에 매료되어 경제민주화에서 눈을 돌렸다. 철도와 의료분야에까지 경쟁체제를 도입하려는 것은 너무나 치졸하고 위험한 발상이다.

천주교를 비롯한 기독교 성직자들의 시국선언이 계속 이어지고 있다. 예수가 가난하고 소외된 이웃을 사랑하고, 인간중심이 아닌 유대교의 율법주의에서 인간을 해방시키기 위한 혁명적인 삶을 사시다가 정치가로 처형당했기에 그들도 거꾸로 가는 정치현실에 그냥 눈감고 있을 수는 없었다. 각자에게 주어진 사명을 짊어지고 예수가 사신 방식대로 사는 것이 진정으로 예수를 믿는 것이요, 구원을 얻는 길이라 믿고 행동에 들어갔다.

종교인과 정치가는 탐욕과 권력의 유혹을 경계하고, 남의 고통에 눈과 귀를 열어야한다.

진정한 기독교인이라면 한물간 정책에 집착하고, 오만과 불통, 민주주의에 역행하는 정치를 절대로 묵과해서는 안 된다. 이타심이 없고, 미래에 대한 비전을 보여주지 못하는 사람은 종교인도 정치가도 아니다. 참된 정치가라면 현실에 눈감아서는 안 되는 것처럼 종교인도 현실을 간과해서는 안 된다. 현재 인류가 겪고 있는 극심한 경제위기도 이웃으로부터 멀어져 탐욕스럽게 물질만 추구한 결과이다.

그러므로 프란치스코 교황성하는 "2014년 평화의 메시지"에서 이러한 불평등한 경제체제를 비판하고, 세계평화를 위한 결속강화를 촉구했다. 하나님은 카인에게 묻듯 지금도 우리에게 물으신다. 네 동생이 어디 있느냐?(창세기 4장9절) 불우한 이웃과 소외받은 사람들, 권력의 횡포에 신음하는 사람들에게 관심을 두고 있느냐고 물으시는 것이다. 그러나 우리도 카인처럼 "내가 동생을 지키는 사람입니까?" 라고 정치적 이슈에 외면하고 있다. 내 이웃과 국가의 미래에 대해서 관심이 없다. 안녕하지 못한 사람들에게 안녕하시냐고 묻지도 않는다. 기독교인이 거듭나지 않으면 안 되는 이유가 여기에 있다.

(2014. 1. 18.)

사랑이 모든 것을 이긴다

신정의 축복 분위기가 좀 잠잠해지는가 싶더니 민속명절인 설을 맞아 행복과 건강을 기원하는 메시지로 스마트폰이 하루 종일 뜨겁다. 변혁의 기운이 강성한 청마의 해를 맞이하여 복 많이 받으라는 축복의 말이 봇물을 이룬다.

그러나 복 많이 받으라는 말은 진정한 덕담이 아니다. 복은 아무나 받을 수 있는 것이 아니고, 생사화복을 주관하시는 하느님도 성도의 기도에 의해 강복여부를 결정하는 것이 아니기 때문이다. 아무리 간절히 기도해도 덕행이 없으면 당연히 복을 받지 못한다. 그러므로 복 많이 받으시라는 인사보다 "복 많이 지으시길 빈다"는 인사가 진정한 덕담이다.

세태가 불안하고 경제가 불안정하면 교회나 사찰을 찾는 사람 수가 증가하듯 미래가 불투명할수록 허망한 축복이 판을 치지만, 나는 복 많이 받으라는 인사를 받으면 속이 편치 않다. 하느님의 축복을 받을 만큼 온전한 삶을 살지 못했고, 이런 불완전한 상태에서 하느님의 강복을 바라는 것은 하느님에 대한 모욕이라고 생각하기 때문이다. 복 받을 행동은 안 하고 복 달라고 칭얼대기만 하면 강요를 당하는 하느님의 입장에선 얼마나 속이 상하시겠는가? 진정으로 하느님의 존재를 믿고, 하느님의 축복을 받고 싶다면 먼저 그에 걸맞은 행동을 해야 한다. 소외 받은 사람을 돌보고, 불의한 세상을 향해 당당히 그 부당함을 지적해야 복을 받을 수 있다.

나의 이러한 언행에 대해 사람들은 "왜 당신은 세상을 그렇게 부정적으로만 보느냐?"고 힐난하기도 한다. 그러나 나는 결코 세상을 부정적으로 보지 않는다. 내 눈에 세상의 부조리가 잘 보이기 때문에 안타까운 심정으로 그것을 토로할 뿐이다. 세상은 이기와 독선이 판을 치고, 기독교인조차도 예수님이 펼치려했던 이상세계에 관심이 없다. 오로지 자신의 건강과 물질의 풍요를 기원한다. 내 이웃이 안녕하지 못한데 나 혼자만 안녕할 수 있다는 것이 절대로 불가능하다는 것을 알면서도 맘몬사상에 현혹되어 더 많이 쟁취하기 위해 눈에 불을 켜고, 너나할 것 없이 정의보다 기득권 확보에 몰입하고 있다.

세상의 부정이 잘 보이는 것은 그만큼 세상을 사랑하기 때문이다. 국가와 민족을 사랑하기에 국가와 민족을 파멸로 이끄는 사람들의 언행이 보이고, 그들을 바로잡지 못해 내내 속을 끓이며 안달하는 것이다. 어떻게 이룬 민주국가인데 경제발전을 빌미로 국민의 기본권을 유린하는 정치에 분개하지 않을 수 있는가? 또한 입으로는 통일대박을 외치면서 북한주민은 굶어 죽어가고 있는데 식량지원을 끊어버리고, 힘에 의한 흡수통일을 획책하는 것을 어찌 바람직한 통일정책이라고 할 수 있는가? 이는 통일을 앞당기기보다 오히려 통일을 요원하게 할 것이다. 바람으로는 옷을 벗길 수 없다. 뜨거운 햇볕으로 그들이 스스로 옷을 벗게 만들어야하며, 싸우지 않고 이기는 것이 상책 중의 상책이다. 특히 김정은같이 젊고 경력이 부족한 사람이 집권하고 있는 북한을 이기기 위해서는 서로 감싸주는 사랑밖에 없다. 그를 자극하는 것은 섶을 지고 불속으로 들어가는 것과 같다. 또한 '싸이코패스'보다 더 잔인한 '소설패스'인 아베의 일본을 이기는 길도 사랑으로 국민을 보듬어 애국심과 충성심이 샘솟게 하는 것이다. 그리고 역사는 혼과 같은 것이므로 역사를 왜곡하려는 세력을 엄단하여 친일식민사관을 일소하고 대한사관으로 우리의 청소년을 무장해야 한다. 세계역사를 살펴볼 때 역사권력을 지배하는 자가 세계를 지배했다. 우리의 역사를 올곧게 지켜야하고, 민족을 사랑하는 마음이 충만해야 통일을 이룰 수 있고, 진정한 세계의 패자(覇者)가 될 수 있다.

(2014. 2. 12.)

선이 악을 이기지 못하는 이유

크림공화국 사태가 의외의 방향으로 번지고 있다. 미국이 러시아와의 기 싸움에 밀려 부다페스트 양해각서 문제가 불거지면서 북한이 핵협상에서 유리한 고지 하나를 선점하게 되었다. 1994년 체결된 부다페스트 양해각서에는 우크라이나가 핵무기를 포기하는 대가로 미국과 영국 등 서방으로부터 주권과 안보를 보장 받기로 되어 있다. 이제 김정은은 크림사태를 거울삼아 주변 강대국의 정권 안전보장을 믿고 핵을 포기했다가는 북한도 우크라이나처럼 될 수 있다고 주장하며 더 완강히 버틸 것이다. 미국은 김정은을 설득할 수 있는 큰 조건 하나를 잃은 셈이고, 북핵협상이 난항을 겪게 될 것이 자명하다.

러시아의 푸틴 대통령이 군사개입을 망설이는 오바마 대통령의 유약한 태도를 비웃기라도 하듯 러시아인의 안전을 보호하기 위해서라는 명분을 내세워 크림공화국에 병력을 투입함으로 사실상 크림공화국을 점령했다. 미국은 러시아에 대해 고위층의 해외여행금지(비자발급중단), 주요 8개국회의 회원자격 박탈, 러시아 은행의 대외거래 중단, 미국 내 러시아 자산 동결 등 강력한 제재를 가하겠다고 말하지만 러시아는 이런 현실감 없는 으름장에 코웃음을 치고 있다. 주한 러시아 대사의 말처럼 유럽과 러시아는 긴밀한 경제관계를 맺고 있기 때문에 제재에 들어가면 그들에게도 타격이 될 것이기 때문이다. 그들이 먼저 러시아의 제재강도를 놓고 분열할 조짐이 있다. 러시아와 교역량이 많은 독일은 벌써부터 비자발급 및 무역협정 중단 등으로 제재를 제한하자는 입장이다. 러시아가 유럽의 최대 가스 수출국이라는 것도 큰 걸림돌이며, 자국 내 소수 민족의 독립을 꺼리는 중국은 애당초 러시아의 크림합병에 찬성하는 분위기였다.

선이 악을 이기지 못하는 이유는 오바마 대통령의 태도에서 보듯 매사에 소극적인 평화주의 탓이다. 푸틴의 행동을 보라! 크림공화국의 정정이 불안하자 즉각 의회에 군사력사용 승인을 요청했고, 러시아 의회는 비상회의를 열어 우크라이나 상대 군사력사용을 만장일치로 승인했다. 3월 16일 실시한 크림공화국 주민투표에서 합병 찬성이 96%이상 나오자 20일에 하원이, 21일엔 상원이 법률안을 비준하고 푸틴 대통령이 서명함으로 크림공화국 병합작업을 완료했다. 이렇듯 악은 전광석화처럼 반응한다. 수단과 방법을 가리지 않고 쟁취하는데 집중하기 때문에 선이 힘쓸 겨를이 없다.

선이 악을 이기기 위해서는 선도 악처럼 적극적이지 않으면 안된다. 그러나 우리들은 긍정을 선양하는 패배주의적인 평화 이데올로기의 노예가 되어 대항할 생각도 하지 않고, 사랑을 앞세워 악이 변하길 바라는 "반 예수 바이러스"에 감염되어 있다. 예수는 그 당시 이스라엘의 최고위 권력집단인 사두개파와 바리새파의 전횡에 거칠게 대항한 혁명가이었는데 예수교도는 전혀 아니다. 긍정도 사랑도 모두 좋지만 그것은 상대가 사악하지 않을 때이다. 원수를 사랑하라는 것도 그의 악한 사상과 행동까지 사랑하라는 것이 아니다. 민주를 갈망하는 젊은이들이 민주주의의 근간을 훼손한 국정원선거개입사건이나 간첩조작사건에 무감각한 것도 마찬가지다. 스펙을 쌓고 성적을 올리면 작은 것은 이룰지 모르지만 머지않아 부정한 세력의 횡포에 좌절하고 노예화한 삶에 권태를 느끼게 될 것이다. 악을 물리치기 위해서는 악보다 한걸음 더 빨리 움직이고 사력을 다해 그의 예봉을 꺾어야한다. (2014. 3. 22.)

하나님을 만난 사람들

하나님의 뜻을 왜곡하고 기독교를 폄훼하는 기독교도의 망언이 줄을 잇고 있다. 일제식민지배가 하느님의 뜻이었다는 문창극의 망발을 비롯해 한국기독교총연합회 조광작 목사는 세월호 희생자를 향해 "가난한 집 아이들이 수학여행을 불국사로 가면 될 일이지, 왜 제주도로 배를 타고 가다 이런 사단이 벌어졌는지 모르겠다."는 막말을 했다. 국민을 미개하다고 한 정 몽준 아들의 발언에 대해 "잘못된 말이긴 하지만 틀린 말은 아니다."라고 한 '사랑의 교회' 오 정현 목사, "한국은 독재를 해야 돼. 정말이야. 독재를 해야 돼. 하나님이 독재하셨어."라고 한 경기도 종교지도자협의회 대표 김영진 목사의 망언은 참으로 어처구니가 없다.

소위 성직자라는 사람들이 어떻게 저리 뻔뻔하고 사악할 수 있는가? 저들이 진정 하나님을 믿는 사람들인가? 저들은 결코 하나님께 용서받지 못할 것이라고 믿는다. 필자는 너무 화가 뻗혀 성경을 더듬어 하느님을 만났다는 사람의 발자취를 찾고, 진정한 하나님의 뜻이 어디에 있는가를 다시 찾아봤다.

성경을 통해 본 하나님의 마음은 언제나 비 기득권자를 향해 열려있었다. 카인과 아벨의 이야기에서도 하나님의 그 마음을 읽을 수 있다. 하나님이 카인의 제사를 받아들이지 않고 동생 아벨의 제사를 흠향하시자, 화가 난 카인이 아벨을 들로 데리고 나가서 살해했다. 아벨은 아무런 잘못도 없으면서 하나님의 사랑을 받았다는 이유로 카인에게 희생된 것이다.

하나님의 이런 성향은 성경 곳곳에 나타난다. 이삭의 아들 에서와 야곱의 싸움에서 가장 극명하게 표출된다. 야곱은 장자의 축복을 얻기 위해 형 에서가 사냥을 나간 사이 어머니와 모의하여 눈이 어두운 아버지를 속이고 장자의 축복을 받아냈고, 전지전능하신 하나님도 아버지를 속인 파렴치를 눈감아 주고 야곱에게 복을 내리셨다. 성경 속의 하나님은 이렇게 사회적 윤리의식이 다소 부족한 사람일지라도 기득권에 안주하는 사람보다 기득권을 확보하려는 비 기득권자를 선택하셨다. 야곱의 아들 요셉도 형을 따돌리고 하나님의 선택을 받았다.

하나님의 또 다른 경향은 민족을 사랑하는 사람을 선택하는 것이다. 모세가 그랬고 다윗이 그랬다. 모세는 동족인 유태인을 학대하는 이집트의 관리를 살해하고 이집트의 왕자 신분을 버렸다. 광야로 도망쳐 나와 민족해방에 절치부심하다가 하나님을 만나 능력을 얻고 민족을 이끌고 출애굽을 단행했다. 다윗은 한쪽이 다른 한쪽을 흡수하는 통일은 진정한 통일이 아니라는 신념이 강해서 사울을 죽일 수 있는 기회가 있었지만, 두 번이나 사울을 살려주었다. 사울이 이끄는 북부민족을 끌어안기 위한 전략적인 선택이었고, 그리하여 서로 반목이 없는 완전한 민족통일을 이루었다.

성경의 흐름은 한결같다. 하나님은 명분보다 실리를 더 중히 여기셨다. 허울뿐인 명분을 앞세워 민족을 배반하고 신의를 저버리는 행위를 멀리했다. 신약의 저자들도 명예를 지키기 위해 생명을 버리는 것을 아름답게 보지 않았다. 신약성서에 마사다에 대한 기록이 없는 것도 이 때문이라고 생각한다. 하나님은 기득권을 쟁취하기 위하여 적극적이고 능동적인 비 기득권자, 민족을 사랑하는 사람을 선택해 훌륭히 키우고 민중을 사랑하셨다. 그러므로 기독교인이라면 하나님이 민중을 사랑하고 민중의 외침에 항상 귀를 기울이신다는 것을 기억하고, 권력의 횡포에 과감히 대항하고 민중의 아픔에 동참해야한다. 권세의 편에 서서 민중을 하대하는 사람은 진정한 기독교인이 아니다. (2014. 6. 14.)

한국에 경종을 울린 교황, 프란치스코

천주교인이라면 누구나 간절히 원하는 교황성하가 집전하는 미사를 드릴 수 있다는 기쁨에 몇 날을 두고 가슴이 설렜다. 새벽 6시경에 입장하여 긴 시간을 기다렸지만 지루하다거나 고되다는 생각이 전혀 들지 않았다. 겸손한 성품으로 늘 가난한 사람들을 돌보시고, 교황청 대사관의 좁은 방에서 묵으며 직원식당에서 식사하시는, 낮은 자세와 소통의 리더십을 보여준 역사상 가장 예수를 닮은 사람, 프란치스코 교황성하를 알현할 수 있다는 것만으로도 더없이 행복한 시간이었다.

무개차를 타고 대전 월드컵경기장에 들어서실 때 오만여 신도가 외치는 함성으로 지붕이 날아갈 것 같았다. 손수건을 흔들며 연호하는 "비바 파파!" 소리에 어린애 같이 천진스럽게 웃으시며 손을 흔드시는 프란치스코 교황성하의 모습에 신자가 아니라도 사랑하고 싶은 순수함이 묻어났다. 미사 전에 세월호 유가족과 생존학생을 면담하고, 그들이 선물한 노란 리본을 가슴에 달고 미사를 집전하는 모습은 감동, 그 자체였다.

프란치스코 교황성하가 존경과 사랑의 상징이 된 것은 이렇게 스스로 자세를 낮추고, 힘없는 사람을 위로하면서 서로 돕는 공동체 사회를 만들려는 적극적인 리더십 때문이다. 대전 월드컵경기장에서 거행된 성모승천대축일미사에서 주신 교황성하의 메시지도 겸손과 섬김의 바탕위에 오래도록 가슴에 담아두고 실천해야할 수행지침이었다. 천주교인에게 주시는 말씀이기에 "정의는 우리가 과거의 불의를 잊지 않되 용서와 관용과 협력을 통하여 그 불의를 극복하라고 요구한다."고 하신 청와대 연설에 비해 훨씬 강력하고 명쾌했다. 그리스도인의 자유가 단순히 죄에서 벗어나는 일보다 더 크다는 것을 일깨우시며, 올바른 정신적 가치문화를 짓누르는 물질주의의 유혹, 이기주의와 분열을 일으키는 무한경쟁의 사조에 맞서 싸우기를 주문하셨다. 새로운 형태의 가난을 만들어 내고 노동자들을 소외시키는 비인간적인 경제모델인 신자유주의를 거부하고, 인간의 존엄성을 모독하는 죽음의 문화에 맞서 싸우라고 강권하신 것이다.

예수의 삶이 그랬다. 프란치스코 교황도 권세에 짓눌려 고통을 당하고 있는 사람을 돌보시고, 권력의 전횡을 깨부수는데 앞장서고 있다. 기독교인이라면 이렇게 가난한 사람과 취약계층, 자기 목소리를 내지 못하는 사람들을 돌봐야한다. 프란치스코 교황도 사회참여와 개혁을 중시하시기 때문에 청년들에게 더 많은 관심을 보이시는 것이다. 15일 오후 솔뫼 성지에서 열린 제6회 아시아청년대회에서도 "어떠한 상황도, 가장 절망적인 상황까지도 변화시킬 수 있다."고 말씀하시며, 개혁에 적극적인 역할을 당부하셨다.

프란치스코 교황의 행복 십계명 중 제1계명이 "자신의 방식대로 인생을 살되 타인의 인생을 존중하라."이다. 다름을 인정하고 모두를 포용하라는 의미이지만 섬김과 개혁적인 삶을 살라는 뜻도 담겨있다. 천주교인이라면 이렇게 늘 겸손하고 섬기는 자세로 살아야한다. 섬김의 극치는 개혁을 통한 인권회복이다. 그렇기 때문에 비인간적인 경제모델과 죽음의 문화에 맞서 싸워야한다. 기독교인이 변해야 세상이 변한다. (2014. 8. 17.)

친일의 유산

사람의 행위에는 모두 공과(功過)가 있다. 공만 있고 과가 없는 사람이나 과만 있고 공이 없는 사람은 없다. 다만 과가 지나치게 커서 공을 상쇄하고도 남는 경우가 있고, 당시에는 사소한 과오가 시대적 환경이 변함에 따라 국가에 심각한 위해를 가하는 경우가 있다.

선거의 계절을 맞아 상호비방과 흑색선전이 점점 고조되고 있다. 유신독재와 친일의 유산을 안고 있는 새누리당 박 근혜 후보에 대한 날선 공격이 날로 거세진다. 박 정희 전 대통령의 공과를 따지는 것은 좋지만 박 정희 전 대통령과 박 근혜 후보를 한데 묶어 평가하는 것은 시대에 걸맞지 않는 연좌제라고 볼멘소리를 하는 사람도 많다.

박 정희 전 대통령과 박 근혜 후보를 연계하는 것은 합당하지 않다. 박정희 전 대통령의 과를 조건으로 박 근혜 후보를 폄하해서도 안 되고, 박 정희 전 대통령의 공에 의지해 선거를 치르려고 해도 안 된다. 산업화시대를 마감하고 정보화시대가 도래하여 경제의 패러다임이 변하고 있고, 소련 붕괴 후 새로운 패자로 등극한 중국과 이를 견제하려는 미일의 공작이 치열한 현 시점에서 대통령 선거를 과거에 의지해 치르려고 하는 것은 매우 잘못된 일이다. EU의 재정위기가 몰고 온 경제 불황을 슬기롭게 대처하고, 영토분쟁에 혈안이 된 중국과 일본을 제압할 수 있는 미래 지향적인 지도자를 선출해야한다.

박 정희 전 대통령은 공보다 과가 훨씬 큰 사람이다. 5.16은 무력으로 국민이 뽑은 민주정부를 전복하고 민주헌정질서를 파괴했다는 점에서 쿠데타가 맞다. 6,25 전쟁이후 사회적 지위가 신장된 군부가 권력에 대한 욕심이 충만하여 육사 8기생을 중심으로 군 수뇌부의 부정부패와 승진 적체현상을 공격하는 하극상 사건이 발생했고, 민주당의 정치적 혼란을 틈타 2군부사령관인 박 정희가 장교 250명과 사병 3,500명을 동원해 1961년 5월 16일 새벽에 한강을 넘어와 서울의 주요기관을 점령했다. 군사혁명위원회를 조직하여 전권을 장악하고 6개항의 혁명공약을 발표했다.

혁명공약은 반공과 부패일소, 국가자주경제 재건 의지를 담았지만, 혁명공약 중 가장 중요한 여섯 번째 항목을 박 정희는 지키지 않았다. "양심적인 정치인에게 정권을 이양하고, 군은 본연의 임무로 복귀 한다"는 혁명공약 제6항을 준수했다면 박 정희의 평가는 지금보다 훨씬 좋았을 뿐만 아니라 5,16을 혁명이라고 이름 지을 수도 있을 것이다.

박 정희는 군정기간 중에 특수범죄 처벌법과 정치활동 정화법을 만들어 정치적 반대세력과 군부의 반대파를 모두 제거하고 일인독재 체제를 구축했다. 이승만 독재에서 벗어나 아직 민주주의가 정립되기도 전에 박 정희의 개입으로 우리나라의 민주주의는 분명히 역행하기 시작한 것이다. 군사문화가 사회적으로 확산되고 군의 탈법적인 정치 개입의 선례를 남긴 것은 역사적인 평가에서 박 정희가 좋은 평가를 받지 못하는 또 하나의 큰 조건이다.

그러므로 우리나라 국민의 대다수는 박 정희를 정치적으로는 실패한 독재자라고 생각한다. 국민을 굶주림에서 구하고 국가 경제를 선진국 대열에 합류시킨 초석을 놓았다고 평가하는 사람도 있지만 유신독재의 허물만으로도 이 모든 공을 덮기에 충분하다.

그러나 나는 박 정희가 정치적인 측면보다 오히려 경제적인 측면에서 더 실패한 사람이라고 본다. 저임금과 저미가 정책을 발판삼아 대기업을 중점적으로 육성했으며 이로써 빈부 격차가 심화되어 빈부계층간의 갈등이 증폭되었다. 표면상으로 부각되는 경제지표의 향상을 위하여 내수를 소홀히 하고 수출업체에 특혜를 줌으로써 경제계의 불균형이 심화되었다. 굴욕적인 한일협정 타결로 유입된 일본자본과 일본기술에 의지해 경제개발을 단행하여 우리나라의 경제를 일본에 예속시켜 놓았다. 한일무역역조가 날이 갈수록 증대되어 중국을 비롯한 아시아와 EU에서 벌어 그 이익을 고스란히 일본에 갖다 바치는 구조를 만들어 놓았기에 박 정희의 경제정책이 실패했다고 말하지 않을 수 없다. 기계와 기술, 원재료들이 모두 일본에 편중되어 있어 우리나라는 수출이 증가할수록 일본제품의 수입이 증가한다. 좀 극단적으로 표현하면 한일전쟁이 발발했다고 해도 일본에서 원부자재를 수입해오지 못하면 우리나라는 수출이 둔화되어 전쟁비용을 감당하기조차 어려울지도 모른다.

박 정희는 만주군관의 한계를 뛰어넘지 못해 외교적으로도 매우 불리한 협정을 양산했다. 현재 일본과 첨예하게 대립하고 있는 독도문제도 그 뿌리가 박 정희에게 있다고 할 수 있다. 독도밀약과 한일청

구권협정 내용이 공개되면서 박 정희의 실체가 서서히 드러나고 있다. 1965년 한일 청구권협정 과정에서 독도가 걸림돌이 되니 일국의 대통령으로서는 상상할 수 없는, 아니 상상해서도 안 되는 말을 했다. 미국 국립 문서보관소에 있는 국무부기밀대화비망록에 의해 밝혀진 박정희의 "독도폭파발언"은 도저히 묵과할 수 없는 망발이다. 그리고 1992년 독도개발 계획서를 제출하고 실효지배 강화를 재촉하는 독도의용수비대 홍 순칠 대장을 중앙정보부에 끌고 가서 사흘 동안 고문을 했고 다시는 글을 쓰지 못하도록 그의 오른손을 부러뜨렸다고 홍 대장의 부인 박 영희 씨가 증언했다.

한일협정도 일제강점피해청구권을 포기하는 매국협정이었다. 청구금액도 이승만이 20억불을 요구한데 비해 8억불로 너무 작았으며, 8억불도 무상 3억불, 유상 2억불, 상업차관 3억불로 합의해 굴욕적이라 하지 않을 수 없다. 전쟁과 식민통치에 대한 대가임으로 보상금이 아니라 배상금이어야 하며, 보상금의 용도를 제한한 것도 도저히 용서할 수가 없다.

박 정희는 공보다 과가 훨씬 크다. 경제적인 작은 성공에 현혹되어 박 정희 숭배에 빠져 있는 국민들을 보면 한심하다 못해 서글프다. 친일 기득권 세력의 비호에 묻힌 박 정희의 과오를 철저하게 조사하여 역사적 단죄를 시행해야 한다. 박 정희가 심화시킨 친일의식과 식민사관의 망령을 하루속히 불태우고 천손사상과 홍익이념이 국민 의식 속에 확고히 뿌리 내릴 수 있도록 개혁해야 한다. (2012. 8. 17.)

아들아,
거기에서
나와라

제3부

無恤(무휼)이 바라본 세상

시간차용

창밖을 보는 기쁨으로 5월의 아침을 맞는다. 옥색저고리를 떨쳐입은 금오산이 창을 넘어 들어와 내 가슴에 얼굴을 비빈다. 풋풋하고 싱그럽다. 바람은 물로 씻어낸 듯 깨끗하고, 짝을 찾는 비둘기의 울음소리도 오늘은 애절하기보다 감미롭다. 주말부부로 사는 것이 새삼스러운 것도 아닌데, 집에 가는 주말 아침이기에 더 감상적이 되는 것일까? 사추기에 걸맞지 않은 설렘조차 밉지가 않다.

다시 주말부부로 살기 시작한 지도 벌써 6년. 이제 떨어져 사는 것이 좋을 만큼 혼자 사는 것에 익숙하다. 음식부터 빨래까지 나 스스로 해결하니 아내는 늘그막에 자유를 만끽하며 산다. 나와 같이 주말부부로 사는 40대 후반의 직원이 처음엔 주말이 되면 설레고 주말에 자신을 맞는 아내 또한 무척 기뻐했는데, 이제는 격주, 아니 격월로 와도 괜찮다고 말해 주말이 전혀 기다려지지 않는다고 해서 마주보고 웃은 적이 있다. 요즈음 여자들에게 최고 좋은 남편은 영식씨(집에서 한 끼도 안 먹는 남자)이고, 삼식이(집에서 세끼를 다 먹는 남자)는 죽일 놈이라니 세상이 변해도 너무 심각하게 변했다.

나는 노동운동을 했다는 죄 아닌 죄로 15년 직장생활에서 13번이나 직장을 옮겨 그 만큼 혼자 사는 때가 많았다. 노동운동 전력이 노예문서처럼 나를 따라다녀 건듯하면 옮겼다. 국가가 인정하는 1급 기술자격을 4개씩이나 소유했고 성실한 엔지니어였는데 노조활동을 했다는 이유로 영업부로 좌천되어 갑자기 별거를 할 수밖에 없었던 때도 있었다. 직장생활을 접고 자영업을 하기 전까지는 2년 이상을 함께 살지 못하고 늘 주말부부로 떠돌았다.

대한민국의 역사를 바꾼 전태일 열사나 YH사건처럼 거창한 노동운동을 한 것도 아닌데, 가진 자의 옹졸한 가슴은 언제나 내게 추상같은 유배형을 선고해놓고 거드름을 피웠다. 나의 어떤 행동이 그들을 그렇게 두렵게 했는지는 지금도 모른다. 1년에 수천억의 매출을 올리는 회사를 경영하는 사람이 한 젊은이의 사심 없는 저항, 노동자의 권익을 위한 작은 주장, 사람답게 살기 위한 소박한 꿈을 두려워할 만큼 새가슴이라면 그 기업의 장래와 대한민국의 미래가 암담하다고 생각했기에 나는 더 적극적으로 투쟁했다.

영업부 대구지사로 발령을 받던 날, 나는 그냥 맨 정신으로는 집에 들어갈 수가 없었다. 선술집에서 소주를 마시고 만취한 상태로 돌아와 “또 유배 되었어”라고 말하며 아내의 안색을 살폈다. 아내는 하도 여러 번 당한 일이라 그런지 놀라는 기색이 없이 약간 샐쭉한 표정을 지었다. 아내에게 미안하고 그들이 한없이 미웠다. 부자가 천국에 가기란 낙타가 바늘구멍을 통과하기보다 어렵다고 선포한 예수님의 심정도 지금의 나와 같지 않을까? 가진 자의 반인권적인 갑질에 치가 떨렸다. 수없이 도리질을 하지만 가슴속은 불안에서 오는 형언하기 어려운 좌절감과 배신감이 배태한 복수심이 밤새도록 부글부글 끓었다. 주어진 여건에서 최선을 다하고 그에 합당한 보상을 받고 싶었을 뿐인데 내 뜻을 헤아릴 생각은 전혀 하지 않고 나를 짓밟으려고만 하는 사람들이 가증스러웠다.

그러나 얼마 지나지 않아서, 나는 모든 것을 하나씩 내려놓고 평상심을 되찾아 본래의 모습으로 돌아왔다. 맺힌 곳을 하나하나 곱씹어 보며 스스로 마음을 달랬다. 얄팍한 월급봉투를 내밀면서도 기죽지 않았다. "이번 달에도 시간을 차용해야겠어."라고 말하며 아내에게 홀쭉해진 월급봉투를 내밀었다. 영업부로 전보되어 생산부에서 받던 각종 기술자격수당이 모두 빠진 월급봉투는 건네주는 즉시 텅 비었던 것 같다. 부족한 부분을 외상으로 채우다보니 시간이 흐를수록 부족한 금액이 누적되어 월급을 받는 날부터 외상을 할 수밖에 없었으니 아내의 고생도 말이 아니었을 것이다.

시간차용, 내용은 몹시 슬프지만 번득이는 해학이 담긴 말이다. 생활비가 부족해 늘 외상이나 다음 달 월급을 가불해서 살았으니, 결국 미래의 시간을 차용해서 산 것이다. 그렇잖아도 풍족하지 못한 월급인데 나의 교통비와 하숙비가 추가되니 가계는 늘 적자일 수밖에 없었다. 매월 상당한 금액을 차용해야했다. 이런 금전적 차용이나 외상거래를 나는 시간차용이라고 표현했다. 6월 월급으로 7월을 살면 과거의 시간을 사는 것이지만, 7월 월급을 미리 가불하거나 외상으로 살다가 7월 급료로 상환하면 6월을 살지만 실제로는 7월의 몫을 사는 셈이니 시간을 차용한 것이라고 생각했다.

나는 시간차용이라는 말에서 금전 차용의 의미만을 생각하지 않았다. 가진 자에게 빌붙어 그들의 악행을 모른 체하거나 스스로 악을 행하며 사는 것보다, 항상 부족하여 전전긍긍이지만 떳떳하게 사는 것이 시대를 앞서가는 삶이라고 생각했다. 괴롭고 구차한 삶이 아닌 철학적 사유가 담긴 삶일 수도 있다. 현세에 연연한 삶이 아니라 어쩌면 내일을 꿈꾸며 사는 삶, 이 땅에 평화가 이루지기를 바라며 사는 삶이기에 진정으로 진보적인 삶이고 소망적인 삶이라고 자위했다. 그래서 악과 타협하거나 머리를 조아리는 비겁함을 거부하고 나는 차라리 시간을 차용하며 거침없이 살았다.

바람을 타고 오는 아카시아의 향기가 아주 쇄락하다. 오늘 아침은 유달리 몸이 가볍다. 대학교를 졸업하고 이제 공무원과 교사로 모두 떳떳한 직장인이 되어 청년실업 100만을 상회하는 이태백의 시대에 내 딸들은 내게 십일조를 바친다. 설사 내가 백수라도 문제가 없을 텐데, 환갑 진갑 다 넘기고도 아직 직장생활을 하고 있으니 더 이상 부러울 것이 없다. 화려하지는 않지만 경제적으로도 여유가 있어서 사심 없이 습작을 계속하고 정진하여 시인, 소설가, 수필가로 등단했다. 천년을 두고 남을 좋은 작품 하나 남길 수 있기를 기도할 뿐이다.

(2012. 5. 17)

촉견폐일(蜀犬吠日)

매카시즘의 광풍이 분다. 때 아닌 종북타령으로 온 나라라가 뒤숭숭하다. 통합진보당의 비례대표경선부정으로 촉발된 종북문제가 수구를 지향하는 보수친일세력의 좋은 먹잇감이 되어 혼란을 부추기고 있다. 이명박 대통령의 종북발언이 있은 뒤, 박 근혜 새누리당 전 비대위원장의 가세로 정치권의 최대 이슈가 되었다. 해방 정국의 반공 소용돌이로 몰고 가려는 것인지, 국가관을 의심받고 있는 사람들이 국회의원이 돼서는 안 되니 자진 사퇴하지 않으면 제명해야 한다고 주장하고, 이 기회에 민주통합당의 종북분자도 반드시 색출해 함께 처리해야한다고 으름장을 놓는다. EU발 경제 불황으로 민심이 흉흉한 때라서 그런지, 정부가 국민의 관심을 이념 문제로 끌어들이지 못해 안달하는 형국이다.

이런 혼란을 틈탄 북한 조평통의 성명이 대한민국의 정치권을 크게 흔들었다. 박 근혜, 김 문수, 정 몽준의 북한 방문 내용을 공개하여 수구세력을 일시에 혼란에 빠뜨렸다. 1998년 10월 동아일보사 취재단이 북한을 방문하여 김일성 주석의 항일무장투쟁인 '보천보' 전투를 보도한 기사의 금동판을 선물하고, 김정일에게 "호탕하십니다.", "참 인간이십니다.", "세계 그 어디에 나서서도 단연 제일이십니다."라는 찬사를 아끼지 않았다고 공표하여, 통합진보당 사태를 기회삼아 진보세력을 축출하려던 수구세력에게 일격을 가했다.

북한의 논평은 대한민국의 이념소용돌이를 일시에 잠재웠다. 엊그제까지 국회에서 종북분자를 색출해내야 한다고 목청을 높이던 새누리당 의원들이 갑자기 조용해졌다. 이제 종북에 대해서는 일체 언급이 없고 경선부정만 잡고 늘어진다. 그렇게 눈에 불을 켜고 통합진보당 경선부정을 두고 종북분자를 색출해내야 한다고 말하던 사람들이 일거에 논조를 바꿨다. 역풍을 우려하여 종북문제를 더 이상 부각시키지 않겠다는 꼼수가 정치판을 뒤덮고 있는 셈이다. 그렇다면 누가 더 종북 분자인가? 북한의 논평 하나에 정책을 바꾸는 사람들이 종북 분자가 아닌가?

촉견폐일, 촉나라 개는 해를 보고도 짖는다. 사소한 일에 과민 반응하는 소이를 비꼬아 하는 말이다. 대한민국의 정치판이 온통 그러하다. 수구세력들은 문제만 생기면 종북을 들먹이며 자파의 이익을 위해 대의를 저버린다. 대한민국 국민이 가장 염원하는 수입 품목 1위가 정치가라고 한다. 소위 대권주자들의 면면을 보면 이런 국민의 심정을 이해할 수 있을 것이다. 대선에 출마하려면 하루 속히 공직을 내놓고, 국가발전전략을 제시하며 국민의 선택을 기다리는 것이 옳은 일인데, 공직을 붙들고 우물쭈물 뭉개는 사람, 언제 하는 것이 유리할까를 저울질하며 기회를 엿보는 사람, 누구 하나 국민의 마음에 오롯이 들어차는 사람이 없다. 대한민국의 정치판에서는 진실성과

도덕성 따위는 이제 찾아보기조차 어렵다. “오픈 프라이머리”를 놓고 이전투구 하는 사람들을 보라! 당내 소통도 못하는 자들이 어떻게 국민과 소통할 수 있겠는가? 소통이란 말하는 것이 아니라 말을 들어 주는 것이지 않는가?

대권 행보를 바라보는 국민도 마찬가지다. 지연, 혈연, 학연 등, 인연을 붙들고 고민한다. 누가 대통령이 될 때 내게 더 유리한가를 놓고 득실을 저울질하기에 바쁘다. MB정권의 비리를 철저히 색출하여 엄벌할 적임자가 누구인가를 고민하는 사람도 없다. 개인주의가 거의 막장인 미국도 이 정도는 아니다. 성에 매우 개방적인 나라지만 대통령이 되려고 하는 사람의 불륜은 크게 문제를 삼고, 민주주의의 근간을 흔드는 부정에 대해서도 냉혹하리만큼 엄격한데, 우리는 전혀 그렇지 않다.

동방예의지국이라고 우러르고, 동북아의 패자로 군림하던 단군조선이 그립다. 이제 대한민국에서는 예의 으뜸인 효와 충이 보이지 않는다. 군사부일체라고 존경을 아끼지 않던 교권도 회복할 수 없을 만큼 추락했다. 대권을 꿈꾸는 사람도, 국민도, 언론도 민족을 위해서는 마음을 비워야 한다. 경제적 성과를 염원하기보다 도덕적 가치에 더 힘을 실었으면 좋겠다. 부정에 관대해서도 안 되지만, 쉽게 잊어버리는 것이 어쩌면 가장 큰 병폐이다. 닉슨 전 대통령의 “워터게이트” 사건 보다 훨씬 죄질이 나쁜 ‘민간인 불법 사찰’에 대한 수사도 몸통은 건재하고 정부는 꼬리 자르기에 혈안인데 어디에도 저항의 기미가 보이지 않는다. 참으로 안타깝다.

언론은 중립성은 지키되 비판 기능을 증대하는 것이 진정한 언론의 자세이다. 그렇다고 촉견폐일 식으로 무턱대고 짖어 대서도 물론 안 된다. 무분별한 과민반응은 오히려 독이 된다. 연을 끊고, 도덕성과 민족의 비전에 집중하며, 권력의 횡포를 막는 방패가 되어야 제대로 된 언론이다. (2012. 6. 23.)

수의(壽衣)에는 주머니가 없다

4대강 살리기 사업에 대한 감사원의 감사결과가 발표되면서 2008년5월 '다음' 아고라에 4대강 살리기 사업으로 위장한 한반도 대운하 사업을 폭로한 한국기술연구원 김 이태 박사의 양심선언이 크게 회자되고 있다. "운하 건설로 인한 대재앙을 막기 위해서 모든 불이익을 감수하겠다며 이명박 정부가 꼼수로 추진하던 대운하 사업을 폭로했었다.

양심선언 후, 김 이태 박사는 온갖 불이익을 당했지만 입시 준비중인 고3의 딸과 고1의 아들만 아빠를 믿어주면 된다고 말씀하시며 전혀 흔들리지 않으셨다. 진정으로 존경스럽다. 모름지기 학자란 이래야 한다. 학자적 양심을 지키기 위해 목숨이라도 내 놓겠다는 결연한 의지가 살아있어야 진정한 선비다.

이에 반해 권력의 협박에 아예 모른 체 하거나, 권력의 나팔수가 되어 오히려 4대강 사업을 옹호하고 홍보한 학자들은 4대강 사업의 진실이 밝혀지고, 높이 축조된 보가 강물의 흐름을 막아 낙동강에 녹조가 뒤덮여도 반성하는 사람이 하나도 없다. 김 이태 박사에 비하면 선비정신도 학자적 양심도 없는 사람들이다. 대운하 사업에 동원된 영혼 없는 학자들은 이제라도 공개적으로 참회하고 엎드려 국민에게 사죄해야 선비정신이 살아 있는 학자라고 할 수 있지 않겠는가?

양심을 속이고 얻을 수 있는 것들은 결코 오래 가지 못한다. 세상엔 완전 범죄도, 영원한 비밀이란 것도 없기 때문이다. 설사 양심을 팔아 거대한 부와 명예를 축적했다고 하더라도 그것은 한낱 티끌에 불과하다. 생명은 유한하고, 그 때는 아무도 모른다. 그리고 수의에는 주머니가 없다. 부든 명예든 모두 놓고 가야 한다. 천년을 살 것처럼, 죽어서도 쓸 수 있을 것처럼 부의 축적에 혈안이 된 사람을 보면 참으로 안타깝다. 우리는 언제 죽을지 모른다. 언제든 하느님이 부르면 가야 한다. 스티브 잡스가 돈이 없어 죽었고, 김정일이 권력이 없어 죽었는가? 세상의 모든 것은 뜬 구름과 같은 것이다. 현대자동차의 노사 분규를 보면서도 그들이 한없이 불쌍했다. 왜 저렇게 사는가? 분배에 인색하고 재물축적에 목숨을 건 사람들, 그들의 욕심이 결국 그들을 비참하게 만들 것이다.

창고에 그득한 재화는 결코 내 것이 아니다. 내가 쓴 돈만 내 돈이다. 권력도 마찬가지다. 내가 정당하게 행사한 권력만 내 권력이다. 이웃을 위해 쓰고, 내 행복을 위해 써야한다. 돈과 권력은 받을 때보다 베풀 때의 기쁨이 더 크고 오래 간다. 내 민족, 내 국가의 동량을 키우기 위해 과감히 투자하고, 국가관이 확고하고 머리가 좋은 젊은이들이 마음 놓고 정진할 수 있도록 여건을 조성하는데 돈도 권력도 모두 바쳐야 한다. 특히 잃어버린 북방 영토를 되찾고, 통일을 이루기 위하여 조선족을 돕는데 인색해서는 안 된다. 그들에게 민족의 정체성을 확고히 심어주고 자랑스러운 한민족임을 깨닫게 하는 것이 대한민국의 미래성장 동력이다.

모든 것은 유한하다. 색(色)의 본질은 공(空)이다. 욕심을 내려놓고 먼저 사랑하라. 사랑을 위해 내 부와 명예, 권력이 있다면 아낌없이 쓰라. 진정한 권력의 힘은 사랑이 전제될 때 그 위력이 드러난다. 남을 강제하기 위해 쓰는 권력은 반드시 부메랑이 되어 자신을 묶는 사슬로 되돌아온다. 이명박 정부의 꼼수가 속속 드러나고, 그들의 부정이 조만간에 모두 밝혀질 것이다. 부당하게 행사한 권력으로 그들은 비참한 노후를 맞고, 땅에 떨어진 명예가 역사에 남아 만대에 저주의 화살이 될 것이다. 수의에 주머니를 만들지 않은 우리 조상의 지혜를 결코 간과해서는 안 된다. (2013. 7. 28.)

내 삶의 끝은 어디인가

임사체험이 크게 회자된 적이 있다. 사회가 불안한 만큼 안락한 사후세계가 기대되어 너도 나도 임사체험을 하고 싶어 한다. 죽은 사람도 살려내는 극도로 발달한 의학기술 덕에 최근에는 임사체험자가 두 배 이상 증가했다고 한다. 중병을 앓거나 큰 사고를 당해서 잠시 죽었다가 소생한 사람 중에도 사후세계를 보았다는 사람이 있다.

미국은 임사체험에 대한 연구를 의학의 한 분야로 간주한다. 1975년 처음 보고된 뒤, 수백 건이 넘는 학문적 보고서와 논문이 제출되었다. 1984년 갤럽조사에 의하면 미국 성인의 약 5%가 임사체험을 했고, 매일 770여명이 임사체험을 한다.

사후세계의 존재 여부에 대한 관심은 모든 사람에게 공통적이다. 임사체험담을 들어보면 지역과 종교와 관계없이 거의 동일하고, 임사체험자들은 모두 동일한 변화를 보였다. 죽음에 대한 공포심이 줄어들고, 인간관계를 중시하는 경향을 나타냈다. 자기 자신을 있는 그대로 수용하려 하고, 베풀며 나누는 삶을 살려고 한다.

임사체험에 대한 관심은 결국 '어떻게 살 것인가'이다. 사후세계가 있다고 믿는 것과 없다고 생각하는 것은 실제 삶에서 아주 극명한 차이를 나타낼 수 있다. 사후세계가 없다고 믿는 사람이 있다고 믿는 사람 보다 잘못 살 확률이 높다. 사후세계를 부정하는 사람은 쾌락을 탐닉하고 이기주의에 빠지기 쉽기 때문이다. 자기에게 불리하면 어떠한 경우라도 양심과 정의를 모른 체하고 내팽개칠 가능성이 높다. 그러나 사후세계가 있다고 단정하면 사후세계의 행복을 위해 악을 거부하고 선을 행하려 한다.

기독교나 불교나 모두 사후세계를 인정한다. 이생의 고난을 전생의 죄업으로 믿고 견디며, 이생에서 빚은 삶의 허물은 다음 생의 업이 된다고 믿는 불교보다 이생에서 지은 죄의 결과로 영생이 결정된다고 믿는 기독교의 내세관이 어쩌면 더 이승의 삶을 옥죈다. 이것은 기독교권의 임사체험이 훨씬 더 많이 보고되고 있는 첫 번째 이유이기도 하다.

죽음이 또 다른 삶의 시작이라면 어떤 역경이 따르더라도 삶의 자세를 바꾸는 것이 좋다. 임사체험자들의 변화된 삶을 보면 그들이 본 사후세계가 거짓이 아니라고 생각한다. 그러므로 기득권을 지키기 위하여 벌리는 처절한 싸움도, 미움이 혼재한 인간관계도, 가식적인 웃음도, 숨이 넘어갈 것 같은 슬픔도 모두 다 내던지고 선(禪)하듯 사는 삶이 바람직하다. 거짓과 증오가 난무하는 세상, 욕심을 채우지 못해 안달하는 삶, 자신의 이익을 지키기 위해서라면 살인조차도 대수롭지 않게 여기는 미친 사회라고 할지라도 우리는 내세를 위해 깨끗하게 살 필요가 있다. 미디어를 이용하여 사람 하나쯤 매도하는 것은 아무 것도 아니지만 그들을 괴롭히고 내가 얻을 수 있는 것이 무엇인가? 유대인 자녀교육의 중심사상인 영원히 살 것처럼 배우고, 내일 죽을 것 같이 산다면 천국은 진지한 삶의 결과물이기에 반드시 우리 차지가 될 것이다. 선으로 이루었든, 악으로 탈취했든 세상에서 이룩한 성공은 이미 세상에서 모두 보상을 받았음으로 내세에서는 아무 필요가 없다. 아무도 모르게 행하는 선행과 보상을 바라지 않고 베푸는 자선이 훨씬 더 아름다울 뿐만 아니라 내세에 더 큰 안락을 안겨줄 것이다. 내 가슴에서 나를 몰아내고 하느님을 모시고 살면 참다운 평화를 누릴 수 있으며, 사후를 두려워할 필요가 없다. (2013. 8. 30.)

평화시대의 영웅

첫딸이 32번째 생일을 맞아서 오페라 "영웅"의 관람권을 선물했다. 생일에는 반드시 부모님께 선물을 드려야 한다고 생각하는 딸의 선물로 생애 최초로 오페라를 감상하는 벅찬 호사를 누렸다.

오페라가 정점을 향해 치닫는 동안 나는 내내 흐르는 눈물을 주체하지 못했다. 말초적인 감정을 자극하는 사랑이야기도 아닌데 도무지 눈물을 제어할 수가 없었다. 국가보다 나와 내 가족만을 위하여 산 내 삶에 대한 회한의 눈물이었고, 항일독립투사들의 처절한 투쟁과 희생에 대한 존경과 감사의 눈물이었다. 독립유공자의 아들로 태어나 국가를 위하여 아무 일도 하지 못한 나의 무능에 대한 속죄의 눈물이기도 했다.

막이 내린 뒤에도 나는 한동안 일어날 수가 없었다. 내 무능에 대한 울분을 참을 수가 없기 때문이었다. 안중근 장군의 고뇌와 결단은 그렇게 나를 한없이 초라하게 했다. 우리가 항일독립투사의 반의반 만큼만이라도 국가를 위해 헌신한다면 한국의 민주주의가 이렇게 철저하게 쇠락의 길을 걷고 있지는 않을 것이다. 독도 문제도 그렇고 동북공정도 그렇다. 해방 후, 우리가 보여준 친일파처리와 학계에 만연

된 식민사관의 폐해를 보면 참담하다 아니할 수 없다. 심각한 패배주의를 심었고, 용서와 화해를 최고의 미덕으로 신봉하는 무기력한 평화주의자를 양산하여 극일을 강조하면 진부한 민족주의자로 낙인이 찍힌다. 일본의 발호는 결국 자업자득인 셈이다.

용서와 화해를 강조하는 기독교적 가치는 국제관계에서는 전혀 적용되지 않는다. 외교무대에서는 약육강식의 정글논리만 살아 날뛸 뿐이다. 정의감이 전혀 없는 일본과의 관계에서는 더 말할 것이 없다. '전쟁 성노예'와 관동대지진 조선인대학살 등, 반인륜적인 국가적 범죄행위에 대해서 조금도 부끄러워 할 줄 모르고, 또 엄연한 사실로 드러난 것조차 인정하려 하지 않는 일본은 그래서 가까이 해서는 안 되는 나라이다.

참회가 없는 범죄는 국내문제에서도 그 병폐와 양상이 똑같다. 독재와 반민주적 폭거에 대한 사죄가 없는 과거정권에 대해서 우리는 너무 관대하고, 그들의 과오를 너무 빨리 망각해 그 폐해가 몹시 크다. 고루한 연고주의에 매몰된 선거로 정치권이 이미 썩을 대로 썩었다. 더 이상 어떻게 손을 쓸 수가 없는 지경이다.

오페라가 끝나고 나는 조그맣게 다짐했다. 이제는 일해야 할 때 일하고, 말해야 할 때 말하리라고 굳게 다짐했다. 위정자의 부패와 부정, 무능을 보고도 권력이 무서워 주저하거나 내가 말해봤자 달라질 것이 없다고 자포자기를 한다면 우리는 지성인이 아니다. 또, 나를 필요로 하는 곳을 외면하고 오로지 나를 위하여 모든 열정을 불사르는 사람도 진정한 민주시민이라고 할 수 없다. 에밀 졸라가 없었다면 드레퓌스 사건은 영원히 묻혔을 것이다. 그는 프랑스 포병 대위가 단지 유태인이라는 이유로 간첩혐의를 뒤집어쓰고 유죄로 내몰렸던 사건에 직접 개입하여 강력히 그의 무죄를 주장해서 드레퓌스를 사지에서 구해냈다. 세계의 양심이라고 불리는 노암 촘스키는 어떤 불이익도 두려워하지 않고 국가와 기업에 종속되어 국민의 기억을 지우고 비판정신을 말살하려는 언론에 대해 과감히 질타한다.

평화시대의 영웅이란 이렇게 주어진 자리에서 최선을 다하는 사람이다. 아무 조건 없이 일해야 할 때 일하는 사람, 누구도 두려워하지 않고 말해야 할 때 말하는 사람이 이 시대의 진정한 영웅이다. 무역 일조 달러 시대에 살고 있는 한국인이 기다리는 영웅은 불의한 권력에 항거하고, 그 죄와 폐해를 세세하게 고발하여 깨끗한 사회를 만들어 가는 사람이다. 국정원개혁과 민주주의 회복을 위하여 이제 나도 촛불을 들어야겠다. (2013. 10. 23.)

한국인의 고황(膏肓)

AIDS만큼 인류를 당황하게 한 병은 없다. 천형이라고 할 만큼 치명적인 위력 때문만이 아니라 사회 각 계층마다 서로 다른 독특한 병인에 대한 자의적인 해석에 대해서도 그렇다. 종교계는 하늘이 타락한 인간에게 내리는 천형으로, 환경학자는 생태계파괴가 불러온 병이라고 한다. 병인이야 어떻든 AIDS는 시급히 해결해야 할 인류의 과제임에 틀림없고, 감염의 직접적인 원인으로 알려진 비정상적인 성행위를 자제하고, 속히 실추된 성윤리를 회복해야 AIDS의 창궐을 막을 수 있다.

대한민국에는 AIDS보다 훨씬 더 심각한 병이 창궐하고 있다. 물리화학적인 요법에는 전혀 효험이 없는 무서운 전염병이다. 이병율이 거의 100%에 가깝고, 남녀노소, 성속, 귀천을 가리지 않고 모두 감염되어 있다고 해도 지나치지 않다. 더러는 심각한 폐해를 유발하는 정신과적 질환으로 진화하기도 한다.

아직 의학계에 정식으로 알려지지 않아서 전염경로나 병인을 몰라 현재로써는 대응책이 전무한 반 문명병이다. 선진국의 기치를 무색하게 하고도 남을 만한 반국가적, 반사회적, 반민족적인 고황이다. 유독 한국에만 창궐하는 병이지만 학계에서는 아직 병증조차 정확히 파악하지 못해 학계도 경제계도, 정치계만 빼고 모두 전전긍긍한다.

우리나라 국민은 모두 심각한 기억력상실증을 앓고 있다. 한국에서 발생하고 있는 부도덕한 각종 부패행위 창궐도 결국은 이 병의 후유증이다. 우리 국민 대다수가 앓고 있는 병을 부패한 현실을 아파하는 젊은 세대가 어렴풋하게나마 병의 실체를 인지하고 그들 나름대로 AIDS에 빗대 후천성IQ결핍증, 즉 AIQS라고 부른다.

젊은이들이 지적한 대로 한국인은 후천적 기억력결핍증에 시달리고 있다. 물론 무책임한 언론 때문이기도 하지만 우리는 너무도 쉽게 우리의 아픔과 수치스런 사건을 잊어버리는 경향이 있다. 그런데 이것은 우리를 권력의 제물로 내던지는 것과 조금도 다를 것이 없다.

우리가 일본의 식민지 지배를 벗어난 지 얼마나 되었다고 일본을 우방처럼 여기다가 독도의 침탈을 목전에 두고 있지 않은가? 36년간의 살인적인 압제와 수탈을 까맣게 잊고 주적을 슬그머니 북한으로 돌려놓고, 엄연한 역사적 사실을 호도하는 친일파의 횡행을 방치했다가 식민지근대화론이란 반민족적 역사관에 정계가 모두 오염되어 시름시름 민족적 자긍심조차 잃어버리고 있다. 또 세계 어디에서도 진정한 우방으로 대접받지 못하는 미국에 모든 외교를 의지하다가 동해를 일본해로 표기하는 뒤통수도 맞았다.

우리는 6.25 동족상잔도 잊고 산다. 반공은 구호 일뿐 이렇다 할 멸공에 대한 구체적인 정책 하나 없이 반공을 단지 정권차원에서 해석하고 조작하고 선동한다. 동족이라는 엄연한 사실을 잊고 오로지 물리쳐야 할 적으로만 간주하니 문제가 잘 풀릴 수 없다.

우리는 유신독재의 허상을, 박종철 고문살인사건도 벌써 잊었다. 수구정권의 실책으로 맞은 IMF환란을 잊고, 그들의 술책에 속아 수구세력에게 다시 권력을 넘겨주었다가 그 대통령의 임기가 끝나기도 전에 살인적인 경제난에 고통을 겪고 있으며, 사상 최고의 국가부채 증가 여파로 또다시 IMF환란을 맞지 않을까 전전긍긍하고 있는 것이 현실이다.

높이 올라가 눈을 크게 뜨고 보자. 절대로 방심해서는 안 된다. 권력이 제 멋대로 철권을 휘두르는 것은 우리가 너무 쉽게 망각하고 너무나 쉽게 용서하기 때문이다. 용서가 미덕이라고 하지만 죄를 시인하지 않고 사죄하지도 않는 죄인을 용서하는 것은 사실상 범죄행위이다. 우리는 하루속히 AIQS를 극복해야 한다. 이것은 실종된 민주주의를 회복하는 길이고, 인권을 지키는 일이다. (2013. 10. 30.)

첫 산행에서 만난 기인(奇人)

40여 년의 고난행군을 접고 진정한 내 삶으로 돌아온 첫 주, 첫 산행에서 보기 드문 기인을 만났다. 평소에 늘 동경하고 염원했던 터라 정년퇴직을 한 후 짐을 풀기도 전에 고무신산악회에 가입했다. 항상 뒷목이 뻐근하고 두통이 심해 등산을 더 그리워했을지도 모른다. 하룻밤에도 베개를 서너 번씩 바꿔야 하고, 깊은 잠을 이루지 못해 다음 날은 하루 종일 편두통에 시달렸었다. 이러다가 중풍으로 쓰러져 반신불수가 되는 것이 아닌가 걱정을 하면서도 억대 연봉의 마수에 덜미를 잡혀 그렇게 일속에 묻혀 살 수밖에 없었다.

산행 내내 나는 평생에 한 번도 느껴보지 못한 행복감을 느꼈다. 모든 질병에 치유력이 있다는 산이 뿜어내는 음이온 탓인지 집에 돌아와서도 기분이 상쾌했다. 욕심을 버리고 기도하듯 걷다 보니 머리가 맑아지고 하루해가 어떻게 저물었는지도 몰랐다.

다음 날, 늦은 아침에 일어나 하루 종일 짐을 풀고 정리를 했지만 두통을 전혀 느끼지 못했고, 3주가 지난 지금까지도 뒷목이 아프지 않다. 물론 그 뒤에도 격일로 가까운 산에 오르며 주일에는 어김없이 산악회를 따라 등산을 했다. 마음을 비우고 맑고 쾌적한 공기를 마시며 자연을 즐기다 보니 그동안 긴장 속에서 느끼던 스트레스를 한 방에 날려 보낼 수 있었다. 등산은 조물주가 만든 숙명의 건강법이라더니 등산을 한 날 밤은 단 한 차례도 깨지 않고 아침까지 숙면을 할 수 있었다. 컴퓨터와 스마트 폰에 매달려 가까운 것만 보고 살다가 정상에 서서 먼 곳을 바라보고 녹색의 숲에 묻혀 하루를 보내니 눈의 피로감도 경감되고, 아직 한 달도 지나지 않았으며, 계속하여 높은 산을 오른 것도 아닌데 눈에 띠게 뱃살이 빠진 것도 같다. 그리고 고무신 산악회에서 만난 기인 덕에 내 삶의 방향이 조금씩 바뀌어 가고 있다. 육십 평생을 나와 내 가족에게만 신경 쓰며 살았는데, 이제는 미력이나마 남을 돕는데 내 재능을 써야겠다는 다짐을 하고 봉사할 곳을 찾고 있다.

오십 초반쯤으로 보이는 사람이 요즘 유행하는 화려한 등산복을 차려 입은 것도 아니고 산악회 이름에 걸맞게 흰 고무신을 신고 나왔다. 솔직히 좀 정신이 나간 사람이 아닌가, 의심도 했다. 1428m의 태산준령을 넘기로 되어있는데 고무신을 신고 나왔다는 것도 기이한 일이지만, 맨 뒤에서 말없이 회원들을 보살피며 걷는 마음이 더 놀라웠다. 50대 여성회원이 발을 헛디뎌 발목을 다친 사고가 발생하자 주저하지 않고 달려가서 아주 능숙한 솜씨로 발목을 교정하고 지압으로 통증을 풀어주었다. 사고 직후에는 한 발짝도 걷지 못하고 들것에 실려 하산해야 할 것 같았는데 고무신 도사의 치료를 받고는 산행을 계속 할 수 있다고 말했다. 거의 초입에서 난 사고였는데, 그녀는 정상정복은 물론 여섯 시간의 산행코스를 무사히 마쳤다. 평상시 보다 조금 거북하긴 했지만 등산하는 데는 크게 문제가 되지 않았고, 도사님 덕에 무사히 계획된 등산을 마칠 수 있어 너무 기쁘고 고맙다고 뒤풀이 마당에서 정중히 머리 숙여 감사를 표했다.

고무신도사의 재능과 봉사정신이 참으로 존경스럽고 부러웠다. 그녀의 사고로 그의 진면목이 그대로 드러났다. 처음 보았을 때는 등산에 능숙하지 못해 뒤에 처지는 줄 알았는데 그것은 순전히 불의의 사고를 대비한 사랑이었다는 것을 깨닫는 순간 한없이 초라해지는 나를 발견할 수 있었다. 재능기부란 재능의 높고 낮음이 문제가 아니라 사랑이 우선이고, 그것을 필요로 하는 곳이라면 언제나 즉시 끄집어내 쓸 수 있도록 항상 준비해 두고, 사심 없이 베풀 수 있어야 아름답다. (2013. 10. 30.)

힐링하고 싶다면

한동안은 웰-빙이 대세였다. 풍요롭고 아름다운 삶의 바탕이 건강이기 때문에 자연스럽게 웰-빙이 삶에 지표가 되었다. 건강이 곧 웰-빙이라고 생각하는 사람들이 증가하면서 건강식품과 운동이 최고의 인기를 누렸고, 건강산업이 온 나라를 집어삼킬 듯이 번성했다.

그러나 이명박 정부에 들어서며 웰-빙의 기가 한풀 꺾였다. 물가상승률이 경제성장률을 앞지르고, 고용사정이 악화되어 서민의 삶이 곤궁해지면서 웰-빙문화가 서서히 퇴조하고 상처받은 영혼과 가슴을 치유 받고 싶어 하는 사람들이 많아져 힐링 문화가 자리 잡기 시작했다. 신자유주의의 무한경쟁에 지친 사람들이 모두 어떤 형태로든 위로받기를 원했다. 성속귀천을 떠나 너나할 것 없이 모두 상처를 안고 씨름하며 다친 가슴을 치유 받고 싶어 한다. 그래서 힐링 독서, 힐링 음악, 힐링 무용, 힐링 여행, 힐링 자선에 나서고, 템플 스테이가 가장 주목 받는 프로그램이 되었다.

우리 국민들의 가슴에 무엇이 그토록 깊은 생채기를 남겼을까?

남녀노소를 막론하고 아파하고 치료받기를 원하는데 병인이 도대체 무엇일까?

대한민국은 OECD국가 중에서 근로시간이 제일 길지만 임금은 오히려 OECD평균의 60%로 제일 낮다. 행복지수가 OECD국가 34개국 중 32위이고, 자살률이 1위이다. 열심히 일하지만 노력에 비해 받는 대가가 상대적으로 빈약하기 때문에 국민의 대다수가 좌절할 수 밖에 없고 이러한 구조적 모순이 강한 스트레스를 주고 높은 패배감을 안겨주기 때문인지도 모른다. IMF외환위기 이 후, 급격히 심화된 고용불안과 노동조건 악화로 인한 심리적 불안감과 노후생활에 대한 걱정이 심화되어 힐링을 불러왔고, 빈부갈등과 세대갈등이 심화 되면서 힐링 문화가 가속화 되었다고도 할 수 있다.

힐링 문화 확산은 시대상황을 잘 관찰해볼 필요가 있다. 힐링 문화의 시작은 산업화시대에서 정보화시대로 넘어가는 과도기적인 현상일 수도 있다. 정보화시대가 산업화시대에 비해 공동체의식이 약하고 개인적인 의식이 강하지만, 개인은 집단을 통해서 습득하고 생존하기 때문에 상처는 사회적 현상과 결코 무관하지 않다. 마음의 치유는 기억의 치유만으로는 완전하게 해결할 수 없다. 많은 사람들이 힐링을 외치지만 개개인의 노력만으로는 불가능한 이유가 이 때문이다. 상처는 사회적 현상이지만 치유는 개인적인 문제이면서 사회적인 문제이기 때문에 힐링의 문제는 개인과 국가가 함께 풀어야할 이슈이다.

국민의 대다수가 앓고 있는 마음의 병은 그 아픔 정도가 조금씩 다르고 대처법도 서로 다르다. 많은 사람들이 공통적으로 앓고 있고,

힐링을 통해 치유받기를 원하지만, 이는 개인적인 문제이면서도 사회가 풀어야할 사회적인 문제이기 때문에 개인적으로는 불가능하다. 개인적인 수준에서 치료하는 것은 치유라기보다 상처를 봉합하는 정도에 지나지 않는다. 진정한 힐링은 사회적인 치료가 선행되어야 함으로 국가가 나서지 않으면 안 된다.

모든 국민이 힐링 되기 원한다면 국가가 나서서 공동체의식을 회복하고 우리 모두 삶의 패턴을 바꿀 필요가 있다. 그리고 과거는 지나간 것이고, 미래는 불확실한 것이기에 오로지 지금 이 순간을 즐길 수 있도록 모든 욕심을 내려놓는 결단이 필요하다. 진정한 힐링을 위해서는 저축보다 소비를, 심판보다 용서를, 증오보다 사랑을 선택해야한다. 욕심을 내려놓고 자아를 포기하면 갈등이 해소되고, 갈등이 사라지면 자연스럽게 힐링이 이루어진다. (2013. 11. 8.)

축복의 장수시대를 위하여

인류에게 닥칠 가장 큰 재앙의 하나가 장수리스크라고 한다. 녹색혁명을 시작으로 농업기술이 발달하여 식량이 풍족해지고, 의료기술이 눈부시게 발전하여 인간의 기대수명이 가파르게 상승하고 있다. 우리나라는 65세 이상 노령인구의 절대적 수가 증가하고, 노령인구의 증가속도도 다른 인구의 증가속도를 훨씬 앞지르고 있다. 65세 이상 노령인구비율 전국평균이 11.3%로 우리나라는 이미 고령사회에 접어들었다. 노령인구 비율이 가장 높은 곳은 전남으로 20.4%에 달해 초 고령사회에 진입했고, 가장 낮은 울산도 7%로 고령화 사회이다.

노령인구의 증가는 국가경제에 매우 큰 부담이 되고 있다. 정년퇴임을 하고 재취업을 하지 못한 상태에서 노후를 위해 준비한 자금이 바닥나고 있으나 장차 살아야 할 날이 너무 많이 남아있다. 더군다나 이기주의와 물신주의에 빠진 서양문화의 유입으로 우리의 전통적인 효(孝) 문화가 사라지고, 페미니즘의 확산으로 황혼이혼이 증가하여 홀로 사는 노인 세대가 폭증하고 있어서 더 걱정이 된다.

자금과 건강은 서로 상호 보완적인 관계이기에 고령사회에서 가장 염려되는 것은 필요한 자금의 확보보다 건강이다. 자금이 여유로우면 건강에 투자할 여력이 생겨 발병이 억제되고, 따라서 병원이나 약국에 지출되는 의료비가 감소되지만 건강이 나쁘면 의료비의 과다지출로 인해 자금 경색을 초래하여 궁핍한 노년생활을 보내게 된다. 정부에서 지급하는 노령연금이나 국민연금을 비롯한 기타 보험회사에서 지급하는 연금의 대부분을 의료비로 쓰는 노인이 대다수이다. 특히 우리나라는 노동시간이 세계에서 가장 길고 강도 또한 높아 대부분의 노인들이 암, 고혈압, 심혈관질환, 퇴행성질환 등 한 두개의 성인병을 앓고 있다.

정년퇴임 후 은퇴생활은 활동기, 회상기, 간호기가 단계적으로 나타난다. 활동기나 회상기는 그다지 큰 비용이 소요되지 않지만 마지막 단계인 간호기는 막대한 비용을 필요로 한다. 뇌졸중이나 치매와 같은 질병으로 거동이 불편해지면 간병인의 도움을 받지 않고는 살 수가 없다. 활동기나 회상기에 충분한 대비를 하지 않으면 위험한 간호기를 맞게 되고, 상대적으로 간호기의 기간이 길어져 그 비용이 현저히 증가한다.

그러므로 노인복지정책에서 가장 중요한 것은 국가가 활동기를 즐겁고 보람 있게 보낼 수 있는 인프라를 구축하는 것이다. 지방자치단체나 대학교의 평생교육원에서 운영하고 있는 프로그램을 확대하고 홍보하여 활동기의 노인들이 적극적으로 참여할 수 있게 하면 간호기가 짧아지고, 간호기의 비용을 대폭 줄일 수 있다. 배움에 대한 의욕이 크면 클수록 그만큼 질병이 침투할 공간이 작아지기 때문이다. 국가적으로 보면 교육과 취미활동에 지원하는 비용, 즉 활동기의 비용을 증가할수록 간호기의 비용이 감소하기 때문에 활동기에 투자하는 것이 훨씬 바람직하다고 하겠다.

그러나 재앙의 장수시대가 아닌 축복의 장수시대를 준비하는 가장 좋은 방법은 나눔의 실천이다. 봉사하는 것보다 즐거운 일이 없고, 즐거운 삶엔 병마가 기웃거리지 못한다. 완벽한 노령화 문제 해결은 재무적인 시각에서 벗어나 제2의 인생을 설계하는 것이다. 물질도 정신도 채우려고만 했던 삶의 지향을 버리고, 비우는 삶, 나누는 삶을 살면 보다 건강해질 수 있다. 기쁜 일상에는 나쁜 기운이나 나쁜 병이 침범할 수 없고, 세상은 혼자만 행복할 수 없기에 이웃이 불행하면 내 마음도 평정심을 유지할 수 없어 질병에서 자유로울 수 없기 때문이다. 배움과 나눔이 축복의 장수 시대를 여는 첩경이다. (2013. 11. 26.)

불신(不信)의 시대를 사는 법

2014년 1월 경상수지흑자가 36억불을 넘었고, 24개월 연속 흑자 행진을 계속하고 있다. 그러나 서민의 삶은 그다지 편안하지 않다. 대한민국은 정글의 논리가 지배하는 시장만능주의와 재벌중심경제구조 하에 있기 때문에 경제지표가 좋아도 서민의 삶이 곤궁하긴 마찬가지다. 자립할 나이가 넘었으면서도 경제적으로 독립하지 못하고 부모에 의지해 살아가는 캥거루족이 50만 명에 육박하는 것도 고용 없는 성장 탓이다. 그래서 분노한 청소년의 일탈행위가 날이 갈수록 흉포해지고 있다. 그들은 절대 선도 절대 악도 모른다. 억눌렸던 욕망을 표출하지 못해 안달하다가 수단과 방법을 가리지 않고 화풀이를 한다. 빼앗는 자가 이기는 자이며, 그것이 곧 선이 되는 세상이기 때문이다.

그렇다면 노인세대는 누구를 믿고, 무엇을 믿어야한단 말인가? 가뜩이나 복지인프라가 미흡한 한국에서 과다한 사교육비 지출로 노후자금이 바닥났지만 자녀들의 효행을 기대하는 것이 불가능하다. 청소년의 도덕적 해이를 떠나서 그들의 삶 자체가 불안하기 때문에 어쩌면 그들의 효행을 기대하는 것이 더 헛된 것인지도 모른다. 그들도 살아남기 위해서는 무조건 이겨야한다는 관념의 노예가 되어 살 수밖에 없기에 젊은이들의 준법의식도 갈수록 나빠지고 있다. 청소년의 경우 나이가 들어갈수록 기초질서 준수율이 더 떨어진다고 한다. 도무지 예의도 모르고, 삼강오륜이 물구나무섰다.

이런 막장사회에서 우리는 어떻게 살아야 할까? 정치마저 부정해서 도대체 몸을 의탁할 곳이 없다. 간첩죄를 덧씌우기 위해 서류조작을 일삼고, 미국이 우방국의 대통령까지 도청하는 마당에 우리가 국가를 믿고, 우방국을 믿어도 되는가? 권력이 진실이 되는 세상에서 그냥 정부만 믿고 살 수는 없다. 선거 때가 되면 복지가 최대 이슈지만 선거가 끝나기 무섭게 재정부족타령이고, 과도한 복지 때문에 유럽의 경제가 거덜 났다고 떠드는 우파정부라서 더 믿음이 가지 않는다. 아이슬란드는 보편적 복지확대로 오히려 경제위기를 극복했다. 공공기간산업의 민영화를 획책하고, 경제성장을 최선으로 삼아 규제완화에 혈안인 우파정부를 믿고 산다는 것은 어리석은 일인 것 같다. 박근혜 정부가 목을 매고 있는 경제성장정책은 분배에는 전혀 관심이 없기 때문에 서민의 삶은 날이 갈수록 더 피폐해질 것이다.

여기가 끝이 아니다. 우리의 미래를 더 옥죄는 것은 국가가 미래의 동력인 청소년에 대한 대책에 소홀하고, 청소년 자신도 꿈이 없다는 것이다. 젊은이들이 대부분 결혼을 기피하고, 아기의 출산율이 1.19밖에 되지 못하는 현실이 제일 불안하다. 그렇다고 나를 믿을 수 있는 것도 아니다. 가장 내 것이 아닌 것이 내 몸이다. 난개발로 자연

환경이 엉망진창이 되어 언제 어떤 병에 걸려 어디서 종말을 맞을지 모른다.

믿을 것이 아무 것도 없다면 어떻게 살아야 할까? 삼독(貪, 瞋, 痴)을 멸해 해인(海印)을 찾아야 한다. 내 것에 집착하면 그것을 얻지 못할 때 화를 내게 되고, 악의 유혹에 쉽게 넘어간다. 불확실한 세상에서는 세상일에 눈을 감는 것 외에는 다른 도리가 없다. 진정한 무소유란 내 생명의 무게조차 느끼지 못할 경지에 이르는 것이기 때문에 그 어떤 것에도 마음을 빼앗기지 않아야 한다. 과거를 잊고, 미래는 아예 꿈도 꾸지 말며, 지금 이 순간을 즐기는 수밖에 없다.

(2014. 3. 1.)

건조주의보

대한민국에 건조주의보가 발령되었다. 메마른 정도가 극심해 살아가기가 사막 같은데 뜨겁고 건조한 개인주의를 부추기는 하늬바람까지 불어와 작은 불씨에도 순식간에 불이 번질 것 같다. 모두들 이웃의 아픔에 눈 감고 자신의 욕망과 이기심을 채우기에 급급하다. 세상이 너무 빠르게 바뀌고 있기에 마음이 항상 초급하여 이웃을 바라볼 시간적 여유가 없다. 설사 이웃을 향해 눈을 돌린다고 해도 그들도 같은 틀에 갇혀 나를 좋아하는 사람만 바라보기 때문에 관계가 잘 형성되지 못한다. 그래서 날로 흉흉해지는 민심을 고려하여 하느님께서 건조주의보에서 한 단계 높인 건조경보를 검토하고 있다고 한다.

2014년 들어 생활고와 장애를 비관해 동반자살이라는 극단적인 선택을 하는 사건이 잇따라 발생하고 있다. 지난 달 26일에 발생한 송파구 "세 모녀 동반자살사건"에 이어 경기도 동두천과 광주시, 광주광역시 등에서 생활고를 비관한 동반자살이 꼬리를 물었다. 이웃에 무관심한 우리 시대의 비극이자 복지사각지대에 놓인 사람들의 피맺힌 절규이다.

송파구 "세 모녀 자살사건"은 한국의 허술한 복지정책과 비참한 경제상황을 가감 없이 담고 있다. 한국형 복지증진을 내걸고 당선한 박근혜 대통령 정부에서 복지사각지대에 놓인 사람들이 더 많이 극단적인 선택을 하고 있다는 사실이 참으로 어처구니가 없다. 현재 대한민국은 복지사각지대에 놓인 사람들이 300만 명이상이라고 한다. 비정상의 정상화를 부르짖으면서도 복지사각지대에 있는 절대빈곤층을 자살로 내몰고 있는 것이 현 정부의 실상이다. 정부가 기초생활보장급여와 기초노령연금, 장애인 연금 등, 복지급여의 부정수급에 칼을 빼들고부터 차상위계층의 삶이 오히려 더 불안해졌기 때문이다. 반 지하에서 어렵게 살았지만 성실하게 살았고, 유서와 함께 집세와 공과금을 남겨둘 만큼 반듯한 사람이 자살을 선택할 수밖에 없는 극한 상황에 내몰렸다는 것이 참으로 안타깝다. 딸이 중병을 앓고 있고, 유일한 경제활동자인 어머니가 다쳐서 직장에 나가지 못하는 데도 작년에 133만원을 벌었다는 이유로 기초생활수급대상에서 제외되니, 그들은 자살 외엔 달리 타개할 방법이 없었다. 갑자기 실직하거나 중병을 앓게 되었을 때 "긴급보조지원제도"를 신청할 수도 있지만, 절차가 까다롭고 제대로 홍보도 안 돼 그들이 선택할 수 없었던 것 같다.

지난 3월에 광주시에서 발생한 가족동반자살사건도 같은 맥락이다. 일용직 노동자인 이모씨(44세)와 지적장애 2급인 딸(13세), 아들(4세)이 함께 번개탄을 피워 놓고 자살했다. 아무리 성실한 사람일지라도 아내 없이 홀로 장애아를 키우며 가족을 먹여 살리는 일은 결코 녹록치 않았을 것이란 것은 알지만, 그래도 극단적인 선택을 하기엔 너무 젊은 나이다.

이 위기를 타개하기 위해서는 "지금 이대로는 안 된다."는 정치권의 인식전환이 필요하다. 나와 내 가족의 안녕과 물질의 풍요를 갈망하는 지금까지 살아온 삶의 패러다임을 바꾸지 않으면 이런 불상사가 계속될 수 있다. 복지사각지대가 없도록 나라의 복지제도를 바꿔야 하고, 서로 도와주고 도움을 받는 상호복지 인프라를 깔아야 한다. 개개인의 신청을 전제로 하는 소극적이고 시혜적인 복지가 아니라 서구와 같이 국가가 직접 찾아가는 적극적인 복지정책을 시행해야 한다.

국민도 이웃의 불행 앞에서 나 혼자 행복할 수 있다는 착각에서 하루속히 벗어나 이웃을 바라보는 훈훈하고 촉촉한 가슴을 가져야한다. 빈곤층에 대한 사회적관심이 증대될수록 동반자살이라는 불상사가 현저히 줄어들 것이다. 메마른 환경에서 자랄 수 있는 것은 아무것도 없다. (2014. 3. 10.)

터키 여행에서 얻는 삶의 지혜

바람도 지싯거리는 드넓은 평원, 푸른 초원에서 한가롭게 풀을 뜯고 있는 양떼들을 바라보며 모처럼 내 영혼이 안식을 얻었다. 정년 퇴직을 한지 반년이 넘었지만 아직도 일중독을 넘지 못해 스스로 닦달하는 못난 영혼에 터키의 자연이 오뉴월의 산들바람 같은 생기를 불어 넣었다.

三人行 必有我師(삼인행 필유아사, 세 사람이 가면 반드시 내 스승이 있다.)라고 했던가? 대자연이 주는 감동에 더해 내 몽매함을 일깨우는 사람도 있었고, 사람보다 더 진한 가르침을 주는 개가 있어 참 유익한 여행이었다. 터키의 개는 집에서 기르는 개가 아니라 자연에서 태어나 스스로 살아가는 생명이라서 사람을 전혀 경계하지 않고 꺼려하지 않았다. 체취도 다르고 모습도 다른 처음 보는 내게도 주저없이 다가와 친근한 눈길을 건네며 어리광을 부렸다. 터키에서는 사람을 향해 짖는 개를 보지 못했다. 그들에게는 눈곱만큼도 분노가 없고, 사람에게 증오심이 없는 것 같았다. 졸졸 따라다니거나 가이드처럼 앞장서서 걸었다. 그들이 혐오하는 유일한 것은 도로를 질주하는

자동차였다. 동양인이든 서양인이든 모두 살갑게 구는 것들이 자동차의 질주는 무섭게 경계하고 수백 미터를 떼 지어 쫓아가며 짖어댔다. 특히 검은색 승용차에 대해서는 그 정도가 매우 심했다.

너무 기이한 일이라 주민에게 이유를 물어보았다. 터키에서는 집에서 개를 기르지 않고, 식용으로 삼지 않기 때문에 개가 사람을 경계해야할 이유가 없고, 자동차를 쫓아가며 짖어대는 것은 거리를 배회하다 동료가 자동차에 치어 죽는 광경을 더러 목격했기 때문에 그것에 대한 악감정의 표현일 것이라고 했다.

개 이야기를 듣고, 필자는 한동안 말을 잃었다. 반백년을 넘는 내 삶을 뒤돌아보며 참회하고 그동안 내가 얼마나 큰 잘못을 범했는가, 깊게 뉘우쳤다. 과도한 간섭을 삼가하고 터키의 개처럼 스스로 터득하도록 아이들을 풀어 놓았어야 했는데, 늘 이것은 이러니 그렇게 해서는 안 되고, 저것은 저러니 그렇게 하지 말라고 늘 다그쳤다. 아이들의 감성은 아랑곳하지 않고 통제와 선도에 치중하여 결국 그들이 스스로 터득하는 기회를 박탈했다. 비록 그것이 옳은 일이고 정당한 훈도였다고 하더라도 매사를 정해진 제도에 가두고 규격화된 규범으로 강제하려 했기 때문에 아이들의 가슴에 분노가 쌓이고 분출하지 못해 전전긍긍하도록 만들었던 것이 사실이다.

매스미디어로 눈을 돌리면 그 폐해는 나보다 더 어처구니가 없다. 화려함과 성취욕으로 자극하여 소유하지 못하면 실패한 사람이라는 인상을 강하게 각인시킨다. 이긴 자의 횡포로 자극하고 패배자의 고난으로 충동질하여 행동을 강제한 나보다 오히려 더 큰 분노를 심을 것이다. 이겨야 하는데 그렇지 못해 좌절하고 가슴에 분노를 쌓는 삶을 은근히 강요한다.

먼저 나를 풀고, 이제 아이들을 바람처럼 풀어 놓아야겠다. 성취욕을 자극하는 어떠한 행위도 결코 교육적이지 못하다는 사실을 우리들 기성세대가 먼저 깨달아야한다. 예수의 사랑보다, 불교의 자비보다, 공자의 인보다 더 포괄적이고 더 구체적인 홍익인간 정신을 품을 수 있도록 아이들의 심성을 강제하지 않는 교육을 실천해야겠다. 고기를 주지 말고 고기 잡는 법을 가르쳐야 하는 것처럼 스스로 판별하고 행동하도록 양육한다면 터키의 개처럼 순수해지고, 마땅히 모든 것을 이룰 수 있을 것이다. (2014. 4. 9.)

아름다운 종말

생노병사(生老病死), 태어나고, 늙고, 병들고, 죽는 것은 모든 생명체가 지닌 공통된 운명이다. 단지 그것을 의식하며 사느냐, 그렇지 않느냐의 차이로 갈리고, 누릴 수 있는 행복의 크기가 다르다. 의식하고 살면 벗어나 살지 못하고 처참하게 꺼들리며 산다. 죽음을 두려워하면 매일 죽고, 두려워하지 않으면 한번만 죽는다.

한국인은 너무 죽음을 의식하며 사는 것 같다. 종교에 집착하는 것이나 건강을 중시하는 것은 모두 죽음이 두렵기 때문이다. 작은 일도 죽임을 당할지 모른다는 생각으로 머뭇거리고, 국가와 정의를 내던진 체 권력에 빌붙으려한다. 부패한 권력이 더 위험하다고 생각하기보다 반대편에 섰다가 권력의 노여움을 사게 되면 해를 입을지 모른다는 생각 때문에 행동을 자제하고, 양심을 포기하는 경우가 많이 있다.

그러나 비굴하게 살다가 뜻하지 않는 이유로 죽음의 문턱에 이르게 되면 대부분은 정의롭지 못했던 지난 삶에 분개한다. 죽음은 끝이 아니라 시작이기 때문이다. 현세에 겪는 질곡의 삶은 전생의 업보이며, 부귀영화는 전생에서 쌓은 선업의 결과이다. 사는 동안 지은 수많은 업과 척을 소멸하지 못하고 떠나면 사후세계가 몹시 꼬일 수 있다. 이생의 삶이 비록 고달프고 슬플지라도 내생을 위해 참고 화를 다독이며, 악업을 쌓지 않고 척을 짓지 않도록 사는 게 좋고, 혹여 악업을 쌓았다면 이 땅에 있는 동안 모두 풀고, 용서하고, 아주 가벼운 마음으로 훌훌 털고 이승을 떠나는 것이 아름답다.

물론 무탈한 삶이 그렇게 쉬운 것은 아니다. 아무리 선업을 쌓으려고 해도 수시로 악마의 유혹을 받는다. 달콤한 향락에 젖어 추잡한 음행에 빠지거나 자신의 안위를 위해 타인을 억압하다가 돌이킬 수 없는 죄업에 빠지기도 한다. 그래서 죽기 전에 살면서 지은 것들을 모두 정리할 수 있는 시간이 필요하다. 내가 암에 걸려 죽기를 바라는 것도 이 때문이다. 암은 죽음을 맞기까지 혹독한 고통을 겪어야 하지만, 지금까지 알려진 병중에서 유일하게 남아 있는 시간을 가늠할 수 있기 때문에 깨끗하게 삶을 마감할 수 있다. 비록 말기 암일지라도 2-3개월은 여유가 있고, 거의 마지막까지 의식을 놓지 않을 수 있기에 암은 모든 척을 풀고 가볍게 떠날 수 있다. 지나친 통증은 진통제로 다스리면 되고, 의식이 남아 있을 때 지은 업을 소멸하고 척을 푸는 화해여행을 떠날 수 있는 시간을 가질 수 있어서 결코 나쁘지 않은 병이다.

짧은 시간이라 할지라도 자유롭게 살다가 마지막 순간에 모두 다 내어놓을 수 있는 것보다 행복한 삶은 없다. 인생의 길고 짧음은 그다지 중요하지 않다. 어차피 인간에게 주어진 시간은 우주에 비하면 찰나에 지나지 않을 뿐만 아니라 생명의 길이로 인생을 평가할 수도 없다. 천상병 시인의 시처럼 인생은 잠시 소풍 나왔다가 돌아가는 것이다.

죽음을 목전에 두고 떠나는 화해여행은 참으로 소중한 수행(修行)이다. 용서하고 맺힌 맘을 푸는 것보다 더 기쁜 일은 없다. 켜켜이 쌓아두었던 기억을 한 꺼풀씩 벗겨내고, 뽀얀 속살까지는 아니더라도 조금씩 더께를 걷어내면 몸이 날아갈 듯이 가벼워진다. 가볍고 청량한 영혼으로 그 동안 누리지 못한 평화를 누리며, 어떤 장애라도 다 내려놓을 수 있는 시간을 보낼 수 있기에 즐겁고, 척과 업을 모두 풀었다면 죽음을 조금의 망설임도 없이 받아들일 수 있어서 좋다.

(2014. 7. 16.)

비리척결의 출발점, 관행청산

대한민국 가곡의 정수, "가고파"의 고향이며 4.19혁명의 발원지인 민주주의의 성지, 마산으로 문학기행을 다녀왔다. 호수처럼 잔잔한 마산포구가 내려다보이는 산언덕에 자리한 국립3.15민주묘지의 계단을 오르며 아픈 마음으로 지난 삶을 뒤돌아봤다. 그 때 그 상황과 별반 다르지 않는 현 시국을 모르쇠하고 사는 것이 너무 죄송했기 때문이다. 마산시민의 3.15부정선거에 대한 항거는 4.19혁명의 기폭제가 되었고, 독재를 걷어내고 민주주의를 되찾는 출발점이었다.

김주열 열사를 비롯한 3.15마산의거에서 희생된 민주열사의 영정이 모셔져 있는 제단에 눈물로 참배하고, 가만가만 슬픈 가슴을 달래며 뒤로 돌아 마산포구를 내려다보니 나도 모르게 가고파의 한 구절이 입에 맴돌았다. 이내 콧날이 시큰하고, 울컥 가슴에 한 움큼의 향수가 몰려왔다.

마산은 참으로 절묘하게 극과 극이 어우러진 도시다. 성불사의 밤, 봄 처녀, 옛 동산에 올라 등 우리나라 가곡의 최고위 반열에 올라 있는 가사들을 지은 걸출한 시조작가이지만 친일과 친독재의 삶으로 세워진 시비조차 훼손되고 있는 노산 이은상과 독재항거의 도화선이 된 김주열열사가 있다. 노산 이은상은 일제 강제징용을 정당화하고 찬양하는 친일시를 발표했으며, 독재자 이승만 전 대통령을 찬양하고 3.15마산의거에 참여한 시민들을 폄훼했다.

친일과 친독재 행적이 드러난 사람을 민족시인으로 둔갑시켜 마산역에 시비를 세운 것과 노산문학관을 건립하려한 것은 마산의 역사의식에 문제가 있는 것을 의미한다. 아무리 위대한 시인이라 하더라도 역사의 망각이나 침묵을 강요할 수는 없으며, 역사적 진실 앞에서는 겸허하게 머리 숙이는 자세가 필요하기 때문에 노산을 배척하는 것은 국가적으로 보면 당연한 일이다.

민주묘지를 내려와 시비가 세워져있는 길을 둘러보고, 돝섬 관광에 나섰다. 문우들과 도란도란 이야기를 나누며 전설이 어우러진 돝섬을 한 바퀴 돌면서 조금씩 엉킨 마음을 풀었다. 떠오르는 해보다 저녁노을이 더 아름다운 것처럼 욕심을 모두 내려놓고 욕되지 않게 살면 노년의 삶이 더 아름답다. 그래서 아름답게 죽기를 소원하며, 이은상의 삶을 답습하지 않겠다고 스스로 다짐했다.

마산 문학기행에서 가장 크게 반향을 일으킨 것은 원로 시조시인의 해학이 가득 담긴 말씀이었다. 우리들이 아무 거리낌 없이 관행적으로 행하고 있는 것들에 대하여 반성하게 한 큰 깨우침이었다. 화장실에서 오줌을 누고 손을 씻는 문인을 향해 "왜 그 소중한 것을 손을 씻지 않고 잡고, 또 깨끗한 것을 만지고서 어찌 손을 씻는가? 그것이 더러운가, 손이 더러운가?"라고 물으셨다. 한참 동안 배꼽을 잡고 웃고 나서 그 말씀에 숨어 있는 진리를 발견하고 지내온 내 삶을 크게 후회했다. 손이 가장 더럽기 때문에 먼저 손을 씻는 것이 옳은 일이다.

우리들은 관행에 젖어 이렇게 부당한 일을 부끄럽지 않게 행하며 살아왔다. 심지어는 범죄행위도 관행적으로 해오던 것이라면 대수롭지 않게 받아들였다. 그 대표적 것이 전관예우이다. 어른을 공경하는 미풍양속의 소산이 아니라 일제가 남긴 식민근성이며 기득권자의 횡포인데도 우리는 아무 거리낌 없이 자행하고, 전혀 뉘우침이 없다. 관피아, 정피아 등도 관행에서 출발하고 그들의 부정은 끝이 없다. 대한민국은 이렇게 죄의식 없이 자행되고 있는 잘못된 관행을 하루속히 척결해야한다. 그리고 습관적으로 행하는 사소한 관행이라도 법에 어긋나면 가차 없이 엄벌하는 쇄신이 필요하다. (2014. 10. 6.)

행복한 만남을 위하여

원하던 원치 않던, 우리는 살아가며 수많은 사건과 조우한다. 때로는 극심한 고통을 만나기도 하고, 무참히 슬픔의 늪에 빠트리는 사랑을 만나기도 한다. 단 한 번의 만남으로 삶이 바뀌는 운명적인 만남도 있고, 자의지(自意志)와 전혀 무관한 비선택적인 만남이면서도 그 사람의 운명을 결정짓는 만남도 있다. 부모와 자식의 만남이 그렇고, 국가와의 만남이 그렇다. 우리 중에 누구도 한국인으로 태어나고 싶어 한국인으로 태어난 사람은 없다. 우리가 부모를 선택할 수 있다면 왕후장상이나 재벌 등, 기득권층의 후손으로 태어나지 누가 비천한 노동자의 후손이나 가난한 농부의 자녀로 태어나겠는가?

자의지가 개입하는 선택적인 만남이나 자신의 의지와 전혀 연관이 없는 우연한 만남도 때로는 인생의 전기가 되거나 운명을 결정짓는 경우가 있다. '누구를 만나느냐'에 따라서 사람의 운명이 바뀐다. 창세기를 비롯한 레위기, 신명기 등 모세오경을 집필한 "모세"도 공사 현장에서 동족의 참담한 핍박을 목격하지 못했다면 이집트인 관리를 살해하지 않았을 테고 그로 인해 광야로 도피하지 않고 이집트

왕자로 호화스럽게 살았을 것이다. 세계적인 혁명가로 젊은이들의 우상인 "체 게바라"의 삶도 마찬가지다. 대학생 때 남미 여러 나라를 여행하며 핍박받는 민중들의 애환을 보지 못했다면 그도 그저 평범한 의사의 삶을 살다가 가족의 품에서 죽었을 것이다. 물론 모세나 체 게바라와 같이 민중의 참담한 실상을 만났어도 그들처럼 핍박받는 민중을 구하려고 노력하기보다 오히려 그렇게 태어나지 않은 것을 감사하며 도리어 그들을 이용하고 학대하는 파렴치한 압제자로 사는 사람도 있다.

또한 만남은 대상과 공간만의 문제가 아니다. 우리에게 시간의 선택권이 주어졌다면 이런 풍요로운 시대를 놔두고 어찌 골육상쟁의 포화 속에 태어났겠는가? '샌드위치 세대'는 굶주린 어린 시절을 보내고, 가난한 조국을 온몸으로 껴안으며 조국근대화와 번영을 위해 고통의 삶을 살았으나 자녀들의 교육비로 인해 노후자금을 준비하지 못해 말년이 퍽이나 고달프다. 그래서 만남은 타이밍도 매우 중요하다. 언제, 어떻게 만나냐에 따라 결과가 뒤바뀌는 경우가 많다.

우리의 힘으로는 어찌할 수 없는 비선택적인 만남이나, 선택적이지만 단 한 번의 만남으로 삶이 뒤바뀌는 운명적인 만남에 노심초사하지 말고, 살아가면서 접하게 되는 수많은 만남, 일상적인 만남이 행복할 수 있도록 노력하는 것이 오히려 낫다. 인생은 과거와 미래보다 현재가 가장 중요하기 때문이다. 우리에겐 내일이 절대로 보장되어 있지 않다. 그래서 타인에게 유익한 만남이 되어줄 때가 더 행복하다.

행복한 만남을 만들기 위해서는 항상 준비하는 자세로 표정을 관리할 필요가 있다. 목적을 가지고 만나든 그렇지 않든, 만남 그 자체를 감사하게 여기면 유쾌한 만남이 되고 행복한 결과를 도출할 수 있다. 나를 내세우기보다 상대를 존중하고 작은 것 하나라도 베풀려고 하면 행복한 만남이 된다. 일상적인 만남에서 우리의 하루하루가 행복한 날, 즐거운 시간이 되기 위해서는 슬픈 표정으로, 짜증이 배어 있는 목소리로, 마지못해 만나는 것처럼 만나서는 안 된다. 설사 상대가 마음에 들지 않는 사람일지라도, 마음이 편하지 않더라도 기도하는 자세로 오히려 싱글싱글 웃으며 맞이하면 그 만남은 기쁨이 되고, 행복한 일상을 만들 어 낸다. 항상 감사와 배려의 마음으로 살며, 모든 만남이 행복한 만남이 되도록 준비하다보면 자연스럽게 인생역전의 전기가 되는 기회도 얻을 수 있다. (2014. 10. 6.)

아들아,
거기에서
나와라

제4장

민족번영의 단초, 통일

통일에 대한 염원

통일에 대한 국민의 염원이 점점 빛을 잃어가고 있는 것 같아 안타깝다. 통일을 강조하면 종북분자가 아닌가, 의심의 눈초리로 바라보는 수구세력이 많다보니 우리 민족의 궤멸을 막을 유일한 길인 통일이 오히려 멀어지고 있는 듯하다. 북한의 3차 핵실험으로 이런 괴현상이 더욱 심해졌다. 일본의 식민통치자들이 항일 독립투사를 탄압하기 위하여 내세운 반공이데올로기를 그대로 이어받아 준용하는 친일파와 그 후손들인 반통일 세력이 반공을 앞세워 통일의 당위성을 부정하고, 통일의 후유증을 확대 해석하여 공포분위기를 조성하고 있다.

그러나 우리 민족의 번영과 생존을 위해서는 반드시 통일을 이루어야 한다. 북한의 자원에 우리의 자본과 기술을 접목하면 그 어느 나라도 우리를 대적할 수 없을 것이다. 경제뿐만 아니라 군사적으로도 매우 유익하다. 보수세력은 인정하지 않지만 북한은 이미 핵보유국이다. 또한 미국 본토를 겨냥한 대륙간 탄도미사일은 개발하려다가 실패했지만, 일본 전역을 공격할 수 있는 미사일은 이미 현장에 배치하였다고 한다.

뉴 라이트를 비롯한 수구 기득권세력은 완강히 부정할 것이지만, 사실 우리에게 북한보다 더 경계해야 할 위험한 적이 일본이다. 우리가 통일을 이루면 북한의 국방비로 주변 적국을 경계하고, 남한의 국방예산을 통일비용과 국민복지에 쓴다면 우리 민족의 위상이 크게 높아지고, 수년 내에 세계가 부러워하는 복지국가가 될 것이다. 그러므로 민족의 번영과 창달을 위하여 우리는 모두 통일에 매진해야 한다.

그러나, 우리 국민은 아직도 뚜렷한 통일관을 갖지 못하고 있다. 거시적인 통일효과에 대해서 잘 알지 못한다. 반통일 기득권세력이 모든 정보를 독점하고 있기 때문에 국민은 통일이 가져올 수 있는 거대한 이득에 대해 들어 본적이 없다. 중 고등학생에게 물어 보면, 통일을 희망하는 학생이 통일을 원하지 않는 학생보다 훨씬 많지만 통일을 왜 해야 한다고 생각하느냐고 물으면 한 사람도 시원스럽게 대답하지 못한다. 통일을 원하지 않는 사람은 그 이유를 과다한 통일비용으로 인하여 국가경제가 몰락할 수 있다고 서슴없이 말하지만, 통일을 원하는 학생들의 통일찬성논리는 너무 빈약했다. 한 민족, 한 형제이니까 통일해야 한다는 감상적인 논리가 지배적이었다. 참으로 한탄스럽다고 하지 않을 수 없다. 반 통일세력이 여론의 주도권을 잡고 있어서 대다수의 국민에게 북한정보의 접근이 극히 제한적이며, 수구논객들의 통일 반대논리가 안보논리에 포장되어 유포되기 때문에 일반 국민은 통일의 당위성을 깨닫지 못하고 있다.

남북분단의 폐해를 뒤집어 보면 통일의 장점이 똑바로 보인다.

분단논리가 수구집단의 정치적 이해득실에 따라 좌지우지되는 상황하에서는 남한에서 발생하는 기득권 세력의 비리와 정치적인 사건을 모두 북한의 소행으로 위장하거나, 안보심리를 자극하여 사건 자체를 묻어 버릴 수 있다. 평화의 댐 건설과 2011년에 발생한 농협의 전산장애를 북한의 디도스 공격에 의한 것이라고 말한 것이 그 좋은 예이다. 이와 같은 대한민국의 위상을 한없이 추락시키는 기득권세력의 정치적 범죄를 막기 위해서라도 하루 빨리 통일을 이루어야 한다.

한국, 미국, 일본이 연합하여 북한을 소외시키고 압박하면 북한이 전쟁을 일으킬지도 모른다. 남북전쟁이 발발하면 미국은 무기를 팔아먹고, 일본은 전쟁특수를 누려 좋을지 몰라도 남북한은 공멸한다. 그리고 전쟁으로 피해를 보는 사람은 북이든 남이든 기득권 세력이 아니라 일반 서민대중이다. 반통일 논리를 펴고 통일을 소원하지 않던 기득권 세력은 전쟁이 발발하면 자신의 힘과 부를 이용하여 국외로 탈출할 것이 뻔하다.

그러므로 민족의 공멸과 민중의 궤멸을 예방하기 위해서라도 통일이 반드시 필요하다. 반통일 논리가 횡행하고 북한을 혐오하는 세력이 정권을 잡으면 남북교류를 악화시켜 그 반사 이익을 우리의 잠재적 적국들이 챙기게 하는 소위 풍선효과가 기승을 부리게 된다. MB정부의 반북한정책으로 계성공단이 허약해지고 금강산 관광의 무산으로 외화가 부족하게 된 북한 당국이 통일 민족의 자산인 지하자원을 헐값에 중국에 넘기고 있다.

우리 민족이 영구히 존속하고 번영하기 위해서는 하루속히 통일을 이루어내야 한다. 대한민국의 정치가 바로서기 위해서도, 우리 민족을 핍박하는 열강을 제압하기 위해서도, 독도를 넘보는 일본을 격퇴하기 위해서도, 우리 민족의 부와 자원을 제3국이 가로채지 못하게 하기 위해서도 주변국의 분열책동을 막고 하루빨리 통일을 이루어야 한다. (2012. 7. 4.)

우도난정(右道亂政)

탐학비행(貪虐非行)으로 동학혁명군에 의해 축출된 고부군수 조병갑이 1년 동안 강진군 고금도에서 근신하는 척하다가 복권되어 고등재판관으로 승진했고, 1863년 12월에 체포된 동학교주 수운 최제우 선생에게 "좌도난정"이란 죄목으로 1864년 3월 10일에 사형을 언도하는 실로 어처구니없는 사건이 있었다. 이는 분명한 우도난정이다. 서학을 멀리하고 우리 고유문화인 동학을 펼치려 한 것이 어찌 좌파이고, 국기를 흔든 공공의 적이 왜 우파이며, 그가 어떻게 복권될 수 있는가?

선거의 계절이 오면 어김없이 색깔론의 광풍이 분다. 자칭 보수라고 하는 정당에서 먼저 파렴치한 공격을 감행한다. "경제민주화를 조속히 단행하라"고 하면 좌파이념에 치우친 정치공세를 집어 치우고 민생을 챙기란다. 진보는 보수를 부패세력으로 몰아붙이며, 독제 쿠데타세력, 친일 반민족세력인 보수당은 과거 진보정권의 죄를 인정하고 기득권을 내려놓으라고 윽박지른다. 우리나라에는 보수다운 보수, 진보다운 진보가 없다. 소위 보수주의자라고 주장하는 수구세력의 면면을 보라. 그들은 아직도 냉전이데올로기에 편향되어 한 핏줄인 북쪽보다 불구대천의 원수인 일본을 신봉하다가 마침내는 독도를 자국의 영토라고 선언해도 고작 유감을 표명하는 미봉책을 내놓고 만다. 또한 우리 군의 작전권을 넘겨받지 않으려고 갖은 술수를 다 부린다. 국군 통수권자인 대통령에게 우리 군의 작전권이 없다면 그 군대가 어떻게 우리 군대이고, 우리가 자주독립국인가? 일본의 독도 도발과 엄연한 우리 바다를 침범해 조업하는 중국어선의 횡포를 제압하지 못하고 도리어 그들의 칼에 우리의 장병이 상해를 입어도 속수무책인 무능한 정부를 질책하지 못하는 집단이 무슨 보수정당이란 말인가? 이는 수구일 뿐이다. 그것도 민족을 간과한 반쪽짜리 수구세력이다. 진정한 보수정당이라면 국가와 민족을 위해 헌신해야 한다. 자파의 이익보다 국가를, 국가보다 민족을 더 사랑해야 진정한 보수다.

진보와 보수란 무엇인가? 보수주의는 자유를, 진보주의는 평등을 더 중히 여기지만, 국가와 민족을 개인보다 더 우선 하면 보수주의이고 그 반대면 진보주의이다. 그러므로 보수정당을 표방하려면 그 어떤 것보다 국가와 민족에 대한 정체성이 확고하고, 국부의 증대와 국력의 신장에 최선을 다해야 한다. 자파의 이익창출에 혈안이 된 수구집단, 친일에서 교묘히 친미로 둔갑한 반공집단은 결코 보수주의 정당의 깃발을 내걸 수 없다.

우리나라의 보수 세력을 자처하는 수구집단은 자파의 이익과 국가라는 정치체제 유지를 위하여 민족을 서슴없이 배반했다. 민족문제와 통일을 말하는 사람들을 오히려 좌파로 내몰며 반공을 내세워 민족주의자들을 무참히 축출했다. 김구선생이 그랬고, 조봉암, 김원

봉 등 임시정부 요원의 유린이 그러하다. 그리고 동학혁명과 항일의병 활동에 대한 역사적 평가도 이런 논리로 왜곡되었다.

국정원 여직원 SNS 불법선거운동사건의 수사과정에서 수사의 제1원칙인 현장보존과 신속처리입장이 깨져버렸기 때문에 명징한 진실규명에 오점이 남게 됐다고 경찰의 잘못을 지적한 경찰대 표창원 교수가 밝힌 보수의 진정한 가치가 새삼 돋보인다. 진정한 보수라면 친북, 좌빨 주장을 집어 치우라고 일갈했다. 자유롭게 의견을 개진하고, 노동당에 대해 이념공격을 하지 않고, 저들이 집권하면 나라가 망한다고 국민을 겁박하지도 않는 영국 보수당의 당당함을 닮을 것을 주문했다. 그러므로 당당하고 떳떳한, 진정한 보수가 되기 위해서는 양심의 자유와 결사의 자유, 표현의 자유를 무한 보장하며, 국가의 안전보장과 개인 권리 보호, 사회질서 유지에 만전을 기해야 한다.

2013년엔 제 18대 박근혜 대통령의 우파정권이 들어선다. 날로 심화되는 우도난정을 어떻게 처리할지 걱정이다. 지난 세월 우파가 집권하는 동안 국민은 편한 날이 없었다. 박정희, 전두환의 독재정권은 제외하더라도 소위 문민정부라고 하는 김영삼 정부의 실정으로 IMF환란을 초래하여 많은 기업이 도산하고 수많은 노동자가 길거리로 내몰렸다. MB정부는 4대강과 자원외교로 막대한 국부를 탕진했다. 미국과 일본의 환율전쟁이 예상되는 상황에서 친 재벌논리에 갇힌 우파가 슬기롭게 대처할 수 있을지 걱정스럽다고 하지 않을 수 없다. 식민사관에 혼을 내준 친일보수 세력의 거짓 논리가 횡행하는 시대라서 순간적인 착각으로 우도난정에 빠질 수 있기 때문이다.

(2012. 12. 25.)

통일과 번영의 조건

대장금과 겨울연가로 시작한 한류에 K-POP이 합류하면서 세계가 한국의 대중문화를 주목하고 있다. 싸이의 말춤은 세계인이 열광하기에 충분할 만큼 독창적이고 역동적이다. 1990년대 후반 중국에서 시작되어 세계로 확산되고 있는 한류는 우리에게 문화적 자부심과 자신감을 심어주었다. 한국과 일본, 한국과 대만의 관계를 개선하는 등, 문화가 정치와 경제를 이끌고 있다.

한류는 단순한 문화현상이 아니다. 말춤이 어느 날 갑자기 나타나 세계를 정복한 것도 아니다. 말춤에는 우리 가락인 엇박이 들어있다. 엇박은 규칙적인 가락에 변화를 가미하여 지루함을 달래주는 파격의 미학이 숨겨져 있다. 서양 음악에는 없는 비정형의 멋이 깃들어 있기 때문에 세계인이 열광하는 것이다. 그리고 우리에겐 기마민족의 피가 흐르고 있어 춤추며 노래하는 것이 가능하다. 말을 타고 달리면서 활을 쏠 수 있는 민족은 전 세계에서 우리가 유일하다. 세계인이 K-POP에 열광하면서도 따라하지 못하는 것도 우리에게는 지극히 일상적인 일이지만, 그들은 춤을 추며 노래하는 문화적 전통을 소유하고 있지 못하기 때문이다.

현대는 정보화시대를 넘어 문화시대이다. 이제는 문화 강국이어야 산업 강국도 될 수 있다. 변하지 않는 존재의 본질인 정체성을 간과하고는 그 어떤 것도 성공할 수가 없다. 문화와 역사 속에 깃든 우리만의 독특한 정체성을 바탕으로 하여 새로운 문화를 창조하는 것이 무엇보다 중요하다. 우리 민족의 절체절명의 소망인 통일도 외부의 힘을 이용하기보다 남북인 모두가 공유할 수 있는 정체성을 고양하는 것에서 출발해야한다. 신과 인간, 영혼과 육체, 축복과 저주, 선과 악 등, 서로 대립하는 두 개념으로 세상을 바라보는 이원론적인 사고는 서양 것이며, 결코 통일을 이루는 바탕이 될 수 없다. 후유증이 없는 완벽한 통일을 이루기 위해서는 우리 민족의 정체성인 역동적인 천손사상과 숭고한 선비정신을 복원하는 것이 급선무다.

천손사상은 이스라엘의 선민사상과는 다르다. 우리 민족은 신에게 선택된 민족이 아니라 신의 자손이며 우리가 바로 그 신이다. 우리 문화는 신인합일을 근간으로 한 삼신사상과 天地人사상에 뿌리를 내린 선교사상이 주축이다. 우주 만물은 음양과 오행으로 이루어진 공생의 공동체이며 천손사상은 그 일원론의 토대 위에 세워졌다.

그러므로 우리의 천손사상은 강력하고 결집력이 강하다. 광개토대왕은 이러한 천손사상과 고구려의 건국이념인 다물정신으로 백성을 하나로 묶는 대통합을 이루었고, 이를 바탕으로 영토를 확장하여 동북아의 패자(霸者)로 우뚝 섰다. 고구려의 기상과 번영은 천손의 긍지에서 나왔으며 말갈과 여진족도 모두 우리와 뿌리가 같은 환국의 후예로 간주해 포용했다. 남북통일도 이념의 갈등에 함몰되지 않고 한 민족임을 전제로 쌍방이 모두 천손사상 안에서 융합되면 열강의 반대를 물리치고 우리 스스로 통일의 대업을 이룩할 수 있다. 또한 번영을 위해서도 하루속히 선비정신을 복원하는 것이 필요하다. 우리가 국민소득 20,000$의 고지를 넘고서도 더 이상 나아가지 못하고 허둥대고 있는 것은 불의와 부패에 함몰된 정치 탓이다. 정치가만 수입해오면 된다는 국민의 자탄은 그저 우연한 농이 아니다. MB정부 5년의 정치적 퇴행은 경제계에도 심각한 후유증을 남겼다.

남북통일은 천손사상과 선비정신의 복원으로 충분히 가능하다. 한 문화의 원동력인 정신세계를 말살하려는 일제의 계략과 친일파의 동조로 우리의 찬란한 선비정신이 왜곡되고 폄훼되었다. 선비정신은 경(敬)과 성(誠)이며 이것을 실천하는 추동력으로서의 의(義)이다. 신라 강수의 말씀처럼 부끄러운 것은 가난과 비천이 아니라 도를 익히고도 실천하지 않는 것이다. 반만년을 면면히 이어온 선비정신이 소멸되고, 기회주의적이고 물질지향적인 서양의 저급문화의 지배를 받으면서 통일의 당위성조차 빛을 잃고, 천손사상이 뿌리 뽑혀 민족의 발전과 통일의 동력을 잃었다. 천손사상의 드높은 기개와 선비정신의 고고한 이타심, 도덕적 우월성은 통일과 번영의 모든 장애를 걷어내고 우리 민족을 다시 우뚝 서게 할 것이다. 머지않아 잃어버린 북방영토를 되찾아 고구려와 단군조선의 영광을 이 땅에 재현하는 한민족 융성의 날이 반드시 올 것이다. (2013. 4. 23.)

한국의 자화상(2013)

일본 극우정권의 움직임이 심상치 않다. 평화헌법 개정을 강행하는 것은 상황이 나빠지면 전쟁을 일으키겠다는 뜻이다. 영토문제로 한국, 중국, 러시아를 자극하고, 장기불황의 늪에서 탈출하기 위해 금융완화정책을 펼치는 꼼수를 부리고 있지만 조만간 그 끝이 드러날 것이라 극우파를 등에 업은 아베정권이 사용할 수 있는 카드는 이제 많지 않다. 아베에겐 영토분쟁이나 국지전을 야기해 국민의 애국심에 호소하는 길밖에 없다.

한국 정부는 오로지 북한의 핵에 집중하고 있다. 미일과 연합하여 북한을 윽박지르고, 한반도 평화의 마지막 보루인 개성공단에서 인력을 모두 철수하는 강공을 단행했다. 수구세력은 반공을 구실로 진보적인 인사들을 음해하고 진보적인 시각자체를 말살하려 한다. 친정부적이 아니면 좌파로 몰아붙이거나 민족의 번영과 통일을 강조하는 인사들을 종북세력으로 매도한다. 정치적 기득권 유지를 위해 자파의 정치적 부정을 덮으려는 얄팍한 술수가 판친다. 남북 대치상황에서 정치적 불안정을 해소하고, 내부의 소란을 잠재우기 위한 가장 확실한 대처방법이 색깔론인지는 알지만 그런 유치한 꼼수를 볼 때마다 피가 거꾸로 솟는다.

박근혜 대통령의 미국방문 성과를 일순간에 말아먹은 윤 창중 전 대변인의 성추행사건에 대한 수구논객들의 반응을 보면 이게 제대로 된 나라인가 의심스럽다. 변 희재 미디어워치 대표가 자신의 트위터에 "종북 페미니스트들의 성폭력 관점은 그냥 기분 나쁘면 성폭력이 되기 때문에 저들과 싸우면서 살아남으려면 근처에 가지 않는 수밖에 없는 거였죠."라는 말을 남겼다. 데일리저널의 정재학 편집위원은 음모에 걸린 것 같다고 했고, 황 장수 미래경영연구소 소장은 사건의 진실을 왜곡 선동하지 말라고 성토했다. 사고가 삐뚤어져도 너무 심하게 삐뚤어졌다. 성추행을 당한 인턴사원을 종북 페미니스트로 모는 것에는 분노를 도저히 잠재울 수가 없다. 어찌 보면 사건을 일으킨 윤 창중보다 변 희재가 더 쓰레기이고, 이들을 먼저 치죄해야 옳을 것 같다.

사고의 틀을 바꿔야 한다. 모든 현상을 진보와 보수의 잣대로 판단하지 말고, 국가와 민족의 번영과 도덕성을 판단의 준거로 삼는다면 저렇게 참담한 오류에 빠지진 않을 것이다. 정치적으로 불리한 사건을 조기에 수습하기 위해 북한카드를 들고 나오는 것은 아주 졸렬한 처사다. 승공을 원한다면, 그리고 남북통일을 원한다면 우리가 먼저 변해야 한다.

필자도 유물론과 계급투쟁의 틀에 갇힌 공산주의는 혐오한다. 독립유공자의 아들로 태어나 국가와 민족의 번영에 기여한 것이 없어 늘 죄책감을 안고 살지만, 나는 민족주의자이고 철저한 우파이다.

내 글을 읽는 몇몇 수구파는 나를 좌파라고 매도하기도 하지만 무지몽매한 친일파의 망언이고 터무니없는 모략이다. 종주국인 소련이 붕괴된 지가 언제인데, 대한민국은 아직도 좌파타령인가? 폐쇄주의의 길을 걷고 있는 북한도 조만간 돌아설 것이라 믿는다. 그들도 더는 물러설 곳이 없다. 자존심에 상처를 입지 않으려고 생떼를 쓰고 있지만 멀지 않아 꼬리를 내리고 시장을 개방할 것이다. 더 이상은 국민의 삶을 외면하고 철지난 이념타령과 무소불위의 철권을 휘두를 수는 없기 때문이다.

모두 우리가 끌어안고 가야 한다. 연일 도발적인 망언을 쏟아내고 있는 일본과 함께 북한을 몰아붙이는 것은 동생이 한번 흥분하여 칼을 들고 난동을 부렸다고 해서 깡패를 동원해 동생을 응징하겠다는 것과 전혀 다르지 않다. 잘 살고 더 배운 형이 감싸주고 다독여야 한다. 북한은 미우나 고우나 함께 살아야 할 내 형제다. 일본과 러시아, 중국을 견제하기 위해서라도 한 민족인 우리는 서로 손을 잡아야 한다. 북한을 바라보는 우리의 시각이 달라져야 북한을 순치할 수 있고, 변 희재 같은 부도덕한 얼치기 궤변가가 설자리를 잃어야 우리의 도덕적 기반이 굳건해질 것이다. (2013. 5. 13.)

민족의 관점에서 보고 민족을 위해 살자

국정원 선거개입 규탄시위가 들불처럼 번지고 있다. 머지않아 부패세력을 모두 삼켜버릴 기세다. 서울대 총학생회의 시국선언으로 촉발되어 촛불집회로 발전했고, 종교단체와 시민사회단체 209곳이 민주화 대열에 합류했다.

검찰 수사과정에서 드러난 사실만 가지고도 국정원은 해체해야 마땅하다. 만약 전,현직 대통령이 이 사건에 0.1%라도 관련이 되었다면 모두 사법처리해야한다. 지금이 무슨 봉건시대도 아니고, 언론사가 사건을 마음대로 은폐하거나 조작할 수 있는 시대도 아니다. SNS의 발달로 누군가에게 조그만 꼬투리만 잡히면 순식간에 전국적으로 확산되는 정보화시대에 국가 안보를 담당하는 국정원에서 이 무슨 허황하고 치졸한 망발이었는가?

그러나 보수 세력은 아직도 사건의 심각성을 파악하지 못하고 있다. 사건 자체를 아예 묻어버리거나 희석하려는 꼼수를 쓰고 있다. 김 용판 전 서울경찰청장의 주도하에 국정원사건 수사를 축소, 은폐한 정황이 검찰수사에서 드러났음에도 불구하고 시국선언이 계속 이어지자 2007년 남북정상회담 회의록을 공개하고 반공세력의 결집을 부추기고 있다.

국정원의 남북정상회담 회의록 공개는 중대한 범죄행위일 뿐만 아니라 오히려 국정원에 불리하게 작용할 것이다. 회의록의 발췌본을 읽어 보았지만 그 어디에도 NLL포기발언이 없다. NLL에서 남북이 모두 군대를 철수하자는 발언이 NLL을 포기하는 발언이라고 우기지만 억지도 이런 억지가 없다. NLL이 국경선이라는 국제법상 근거는 없으나 국민에게 너무 민감한 사항이라 NLL과 군사분계선에서 남북이 모두 군대를 철수하여 안보 군사지도 위에다 경제 지도를 크게 덮어서 그려 보자는 것이었다. 노무현 전 대통령이 외국과의 정상회담에서 북측의 대변인, 변호인 노릇을 했다는 표현도 남북회담을 성공적으로 이끌기 위한 립 서비스일 뿐인데 이를 굴욕적인 태도로 대화했다고 우기는 것은 너무나 비겁한 매도행위이다. 국민이 노무현 전 대통령을 좋아하는 것이 바로 이런 거침없고 시원시원한 화법인데 수구세력의 귀엔 그렇게 저급하게 들린 것 같다.

우리나라는 결국 독도문제로 일본과 싸우고, NLL이 도화선이 되어 북한과 전쟁을 치를 가능성이 아주 높다. 작은 불씨라도 제거하고 전쟁의 빌미가 될 것들은 무조건 없애야한다. 이것이 우리 민족이 살 길이다. 또한 미국과 일본이 작당하여 우리나라와 전쟁을 벌이거나 북한을 자극하여 남북전쟁을 일으킬 지도 모른다. 미국이 필리핀을 지배하고, 일본이 대한제국을 강점하는 것을 서로 용인한 것이 가쓰라-태프트 협약이 아닌가? 미국은 신의가 있는 나라가 아니다. 그들은 우리나라엔 관심이 없고, 항상 일본만 감싸고돈다. 몇 해 전에 또 다시 극동방위선을 슬그머니 38선에서 현해탄으로 뺀 것을 보면서도 모르는가?

미래에 발발할 한일전쟁에선 우리에게 반드시 있어야할 것이 원자탄이다. 그 때를 대비해서 우리 스스로 핵무기를 만들거나, 아니면 핵을 보유한 북한과 가깝게 지내야한다. 6·25도발이 있었지만 그래도 북한은 우리와 한 핏줄이다. 일본의 도발징후가 포착되면 지체 없이 동경에 핵폭탄을 날려 단숨에 제압하지 않으면 우리가 결코 일본을 이길 수 없다. 독립투쟁을 위해 좌우합작에 공을 들인 김구선생님과 여운형 선생님처럼 우리 민족을 지키기 위해 우리가 양보할 것은 양보하고 베풀 것은 베풀며 북한과 함께 가야한다. 이제 공산주의는 물 건너갔다. 그리고 아무리 김정은이 쇄국, 철권정치를 강화해도 시대의 물결은 결코 거스를 수가 없다. 종주국인 소련이 해체된 지가 언제이고, 지금 중국이 무슨 공산국가인가? 개방할 대로 다 개방하여 자본주의국가와 다를 게 없는 중국처럼 북한도 변화의 바람이 불 것이다. 잘 사는 우리가 양보하고 설득하여 중국처럼 개방하도록 유도하면 분명히 모든 일이 순조롭게 풀릴 것이다. (2013. 6. 27.)

숲은 보지 않고 나무만 보는 사람들

서울신문과 진학사가 전국 고등학생 506명을 대상으로 실시한 여론조사에서 6,25를 북침이라고 대답한 학생이 69%인 349명이었다. 이에 발끈한 박근혜 대통령이 청와대 비서관회의에서 "역사는 민족혼이라고 할 수 있는데 이건 심각한 문제다. 이것은 결코 묵과할 수 없는 문제이기 때문에 새 정부에서는 반드시 바로잡아야 한다."고 말씀했다. 대한민국의 교육현실을 적나라하게 보여주는 사건이다.

국사를 수능시험에서 선택과목으로 한 것이나, 공무원채용고시에서 국사과목을 제외한 것은 실로 망국의 수순을 밟고 있는 것과 같다. 역사는 과거의 기록이 아니라 미래의 이정표이기 때문이다. 식민사관에 직간접적으로 연관된 강단사학자들이 백제의 속국이나 다름없었던 일본의 사학자가 백제를 폄하하기 위해 날조한 식민사관을 그대로 이어받아 백제사와 고구려사를 왜곡하고, 다른 민족을 끌어들여 내 민족을 도륙한 신라의 침략을 미화하며 통일신라를 부각시켰다. 200여년이나 늦게 건국한 신라의 건국일을 BC57년, 고구려의 건국을 BC37년이라고 하니 참으로 어처구니가 없다. 단군조선보다

1564년이나 앞선 배달국이 있었는데도 불구하고 강단사학자들은 중화 패권사관과 일본의 식민사관에 발목이 잡혀 이를 모두 부정하고 단군조선을 신화로 돌린다. 우리의 고대사를 말살하려는 주변국의 농간에 놀아나는 꼴이다.

환단고기 단군세기에 보면 제 13대 단군이신 흘달(屹達) 50년 7월에 오성취루(五星聚婁)현상이 있었다는 기록이 있다. 이는 이미 단군조선, 그 이전부터 별을 관찰했고 천문대가 있었다는 증거이다. 강단사학자들은 환단고기를 위서라고 하지만, 1993년 서울대 천문학과 박창범 교수가 연구논문을 통하여 BC 1733년 7월에 오성취루가 있었음을 과학적으로 밝혀 환단고기의 기록이 사실임을 입증했다. 후세에 누군가가 작위적으로 기록해 넣었을 경우 맞아떨어질 확률은 0.007%에 불과하다는 말씀도 덧붙였다. 한국천문연구원 연구위원 박 석재 박사는 컴퓨터 시뮬레이션으로 BC 1733년 7월 11일에 水, 金, 火, 木, 土星이 일직선상에 모이는 오성취루현상이 있었음을 직접 시연했다.

박근혜 대통령이 역사가 민족의 혼이라고 말씀한 것은 옳지만 여론조사의 결과를 역사교육의 오류라고 해석하는 것은 틀렸다. 예나 지금이나 자파의 정치적 목적에 따라 역사를 왜곡하려는 세력이 분명히 존재한다. 우리 고대사의 왜곡도 동북공정을 펼치는 중국보다 우리가 더 심하다. 중국의 사서에 기록된 사실조차도 식민사관에 갇혀 삼국사기나 삼국유사에 없으면 무조건 부정한다.

여론조사의 결과는 역사교육의 잘못도 국어교육의 잘못도 아니다. 청소년의 의식구조가 우리도 모르는 사이에 바뀐 것이다. 어떤 정치적인 꼼수가 있어 6,25에 대한 여론조사를 이렇게 실시했는지 모르지만 우선 설문이 잘못되었다. 이 여론조사 결과에 놀라 국방부가 6,25를 '북한의 남침'이라고 수정한 것처럼 설문을 6,25가 "북한의 남침이냐, 남한의 북침이냐"라고 물었다면 이런 어처구니없는 결과가 나오지 않았을 것이다. 우리 고등학생들이 결코 6,25를 남한의 북침이라고는 생각하지 않는다. 여론조사의 결과는 사상의 편향이 아니라 의식구조의 문제이며, 해석의 오류이다. 한국인은 주어를 생략하거나 목적어와 술어가 중심인데 반해 서양은 주어 중심이다. 우리나라 청소년의 의식구조가 지나친 영어교육과 서양사상에 빠지다보니 자신도 모르게 바뀌었다. 북침은 주어 중심인 서양인의 어법으로 해석하면 북한이 (남한을) 침략한 것이고, 술어 중심인 한국의 어법으로 보면 (남한이) 북한을 침략한 것이다.

우리의 내일인 청소년들에게 바른 사관과 문화적 정체성을 확고하게 심어 줘야한다. 방종에 가까운 자유주의와 이기주의에 빠진 서양을 본받도록 방치해서는 안 된다. 나만 귀한 것이 아니라 나라가 더 소중하고, 민족은 우리의 생명과도 같다. 민족이 망하면 국가도 나도 없다. 북한에 등을 돌리기보다 사랑으로 감싸고 끌어안아 하루속히 통일을 이루고 민족상생의 길로 나아가야한다. (2013. 7. 15.)

자주국방이 살 길이다

한국의 정가는 하루도 바람 잘 날이 없다. 어떤 사건이 좀 잠잠해지는가 싶으면 기득권과 국정의 주도권을 확보하기 위해 새로운 사건을 들고 나와 정가를 뒤흔든다. NLL문제로 공방이 치열하던 정가가 이번에는 전시작전권 회수 연기론으로 어수선하다.

그러나 전시작전권은 정쟁의 이슈가 될 사안이 아니다. 전시작전권 회수는 박근혜 대통령의 핵심공약일 뿐만 아니라 국가의 자존심이 걸린 중대사이므로 공약대로 빨리 처리하는 것이 옳다. 어떻게 국군의 전시작전권을 소유하지 못한 통치자를 대통령이라고 할 수 있으며, 그 나라를 독립된 국가라고 할 수 있는가? 국군의 최고 통수권자는 마땅히 그 나라의 대통령이어야 하고, 선거공약은 국민과의 약속이기 때문에 파기여부는 국민과 합의하에 결정해야한다.

전시작전권 회수를 연기하려는 보수파의 의도가 의심스럽다. 무슨 생각으로. 어떤 이유로 전지작전권 회수를 회피하고 있는가? 북한의 핵을 견제하고 우리 군의 전력이 아직 충분치 않으니까 미국의 보호를 받아야한다는 주장이라면 이것은 명백한 이적행위가 아닌가?

우리 군의 전력이 약하다는 것을 적에게 드러내는 꼴이기 때문이다.

북한은 결코 우리와 대적할 상대가 되지 못한다. 전쟁은 무기로 하는 것이 아니고, 경제력과 정신력으로 한다. 이길 수 있는 확률이 제로에 가까운데 그들이 미치지 않고서야 우리 경제의 1/20밖에 안 되는 주제에 핵 하나 믿고 남한을 침략할 수 있겠는가? 또, 핵전쟁 억제력을 위해서 전시작전권 회수를 막아야 한다고 주장하는 세력도 있는데 이는 무지의 소치이고, 매국적 발상이다. 필자도 전쟁억제를 위해서 아직은 미군이 철수하는 것을 반대하지만, 전시작전권만은 절대로 아니다. 우리가 전시작전권을 가지고 있다고 해도 미군이 주둔하고 있다면 절대로 북한이 선제공격을 할 수 없다. 미국의 전력은 미국을 제외한 전 세계의 전력을 모두 합친 것보다 우수한데, 북한의 지도부가 스스로 자멸의 길을 선택하지 않는 이상 남침을 감행할 수 없기 때문이다.

전시작전권 회수 연기론의 밑바탕엔 미국 맹신주의가 자리 잡고 있을 테지만, 국제관계에선 영원한 적도 없고, 영원한 동지도 없다. 혈맹이니 우방이니 떠들어대지만 미국은 원래부터 신뢰성이 없는 국가다. 6,25는 김일성이가 오판한 남침이 맞지만 미국의 유인책이 전혀 없었다고 볼 수도 없다. 1950년 1월 미국이 슬그머니 극동방위선을 3,8선에서 현해탄으로 빼지 아니했던가? 가쓰라-태프트 밀약으로 미국과 일본이 필리핀과 조선을 강점하는데도 합의했었다. 미국에서 가장 도덕적 정권이라는 오바마 정권하에서 세계 39개국의 대사관을 도청하였고, 우리도 그 피해국중 하나이다. 진정한 우방이라면 신뢰회복을 위해서라도 즉시 시인하고 사죄해야 함에도 불구하고 오히려 도청사실을 폭로한 사람을 못 잡아서 안달이다. 도덕과 양심이 있는 국가라면 이게 도대체 말이 되는 일인가? 미국은 철저하게 자국의 이익만을 생각하는 야만국이다. 독재정권이라 낙인찍고도 그 정부에 무기를 판다. 니카라과공화국의 콘트라반군을 지원하고, 통킹만 사건을 일으켜 이를 빌미로 베트남을 침략했다.

전시작전권 회수는 예정대로 실행해야 하고, 가급적 서두를수록 좋다. 미래에 발발할지 모르는 전쟁에 대해 우리 대통령에게 전시작전권이 없다면 어떻게 되겠는가? 만약 일본이 독도를 침공했다고 하자, 우리에게 전시작전권이 없다면 미국이 반대하면 군사적 대응이 불가능하다. 미일이 짬짜미하면, 우리는 독도를 눈 번히 뜨고 빼앗길 수도 있다. 미국은 우리는 안중에도 없고 일본만 총애하기 때문이다. 우리 군의 전시작전권은 반드시 우리 대통령이 가지고 있어야 한다. 자주국방만이 살 길이다. (2013. 8. 4.)

민주주의에 대한 반역의 콤비

국정원과 통합진보당은 적대적 공생관계인가? 선거개입사건으로 위기에 처한 국정원을 통합진보당이 구해주었다. 이 석기 의원의 내란음모사건으로 보수는 얻을 것 다 얻었고, 진보는 잃을 것 다 잃었다. 국정원 개혁도 물 건너간 것 같고, 보수 세력의 기를 잔뜩 살려놓았다. 내란음모 사건이건 아니건 이제 공은 사법부의 손에 넘어갔다. 쌍방이 치열하게 법리공방을 벌릴 테지만, 중요한 것은 이 사건이 모든 정치적 이슈들을 한방에 잠재웠다는 것이다.

내란음모사건은 혐의만으로도 통합진보당에 치명적이다. 어떻게 이룩한 진보의 발전인데 어리석은 한 사람의 잘못으로 하루아침에 공든 탑을 무너트릴 수 있는가? 검찰의 수사로 명백히 드러나고 있는 국정원 선거개입사건을 덮고 보수 세력이 결집하는 빌미만 제공한 셈이니 어찌 애석하다 하지 않을 수 있는가? 내가 이 석기였다면 하루라도 빨리 내 발로 들어가 수사를 받았겠다. 무엇이 두려우랴? 그 무시무시한 일을 계획했다면 수사를 두려워한다는 것이 말이 되는가? 투사라면 예상되는 강압적인 수사 정도는 감내할 줄 알아야 한다. 그리고 내란죄를 범하지 않았다면 끝까지 그 진실을 밝히고, 권력 쟁취에 눈이 멀어 정말로 정부를 뒤집으려했다면 벌을 받아야 마땅하다. 지금 아니라고 주장해봤자 언론을 동원한 보수 세력을 이길 수 있는가? 시간이 흐르고 뼈를 깎는 고통을 감내하지 않고는 반공의 벽을 결코 넘을 수 없다.

진보든 보수든 모두 이 석기 내란음모사건을 두고 벌리는 행태가 너무 유치하다. 체포동의안 표결에 민주당의원에게 도와달라고 애걸복걸한 것이나, 피의사실 공포가 위법이라고 주장하면서 벌써부터 사건에 대해 법리논쟁을 벌리는 것은 앞뒤가 맞지 않는 행위다. 물론 내란음모 사건이 되기 위해서는 구체적이어야 하고, 실행능력이 있어야한다. 그 혐의에 실질적인 위험성이 인정되지 않으면 내란죄로 처벌할 수 없다. 내란죄는 혐의의 목적을 명백하게 입증하는 것이 무엇보다 중요하므로 정정당당하게 수사를 받고 밝혀진 것들이 모두 사실이라면 사형이라도 감내해야하며, 만약 사실과 다르다면 매카시즘을 선동한 세력을 응징하는데 최선을 다하는 것이 옳지 않은가?

수사가 시작되기도 전에 입에 거품을 물고 피의 사실을 공포하는 보수집단도 추악할 만큼 파렴치하다. 어떤 정치적 목적으로 그러는지는 모르지만, 수사 전 피의사실공포는 명백한 범죄행위이기 때문에 이에 동조한 언론도 비난을 피할 수가 없다. 지금이 어느 시대인가? 대한민국의 민도가 그렇게 미개한 수준인가? 절대로 아니지 않는가? 스마트폰과 인터넷 보급률이 세계 최정상이며, 정보화 사회를 진두지휘하는 세계적인 IT강국이 아닌가? 진정한 언론이라면 민의를 두려워하고, 법을 준수해야한다. 좌든 우든 사상의 편향은 인정하지만 거짓을 선동하거나 법에 저촉되는 일은 절대로 범하지 말아야한다.

다시 한 번 정치권의 각성을 촉구한다. 민주당 원내대표가 천명한 것처럼 이석기의원의 체포동의안에 대한 야권의 찬성당론 표결은 내란음모를 확정한 게 아니라 제기된 혐의에 대한 철저하고 공정한 수사를 위해 협조한 것이다. 수사가 진행되는 사건을 두고 왈가왈부하는 것도, 야권을 싸잡아 용공세력으로 매도하는 것도 전혀 도리에 맞지 않는다. 그럴 시간이 있으면 서둘러 민생을 챙겨라. 민주주의의 근간을 뒤흔든 국정원의 대선개입사건이나 철저히 조사하고, 국정원의 개혁에 최선을 다하라! 국정원은 권력의 시녀가 되어 국민을 선동하거나 민의를 호도해서는 절대로 안 된다. 국내정치에 개입하지 말고, 호시탐탐 침략을 노리는 일본에 주의를 기울여 유사시 선제공격을 할 수 있도록 철저하게 준비하라! 미국을 주시하고, 산업스파이 색출에나 전념하라! 이것이 진정 국정원이 할 일이다. (2013. 9. 7.)

국가경쟁력 하락에 대한 정치권의 무관심

국정원 개혁과 민주주의의 회복을 내걸고 노숙하고 있는 민주당과 新 매카시즘을 일으켜 공안정국으로 몰고 가려는 새누리당의 기싸움이 시간이 갈수록 더 치열하다. 민생은 안중에도 없고 시대착오적인 구호만 난무한다. 새누리당은 울고 싶은데 뺨 때려준 이석기가 고마워 죽을 지경이다. 정치가 완전히 막장이라고 해도 어느 누구도 이의를 제기할 수가 없을 것 같다.

2013 국가경쟁력평가에서 대한민국이 148개국 중 25위를 기록하여 9년 만에 최악인데도 정치권은 공안정국에 매몰되어 아무런 말이 없다. 2007년에 11위를 기록한 후로, 단 한번 24위에서 19위로 오른 2012년을 제외하고는 새누리당이 집권한 이명박 정부 내내 매년 하락하여 2013년 현재 말레지아보다도 낮다. 경제대통령을 표방한 이명박 정부에서 국가경제가 더 악화된 것을 인지하면서도 또다시 새누리당을 선택한 대한민국 국민도 한심하지만, 원인파악을 하지 않고 평가방식만 문제 삼고 있는 박근혜 정부가 더 얄밉다. 올해 국가경쟁력이 낮게 평가된 것은 북한의 3차 핵실험으로 긴장이 고조된 4

월과 5월에 평가해서 그렇다는 것이다. 물론 전혀 관계가 없다고 말할 수는 없지만, 경제문제까지 북한을 물고 늘어지니 치사하고 옹졸하다. 어떻게 생겨먹은 집단인지 소위 보수라는 사람들은 곤란한 문제만 생기면 북한에다 대고 손가락질을 한다. 그러면 2012년에 다섯 단계가 상승한 것은 무엇 때문인가? 이것도 북한 탓인가?

경쟁력 저하의 원인을 정책적인 문제라기보다 외부요인 탓으로 돌려 책임을 회피하려는 작태가 너무 유치하다. 잘 되면 제 공이요 못되면 조상 탓이라더니, 도대체 이 무슨 망발이고 추태인가? 설사 북한의 핵실험이 대외적으로 영향을 미쳐 우리 경제를 악화시켰다고 하더라도 사전에 이를 간파하여 적절히 대비하지 못한 정부의 죄가 더 크다고 아니할 수 없는 일인데 왜 이렇게 허접한 억지를 부리는가? 얼굴에 철갑을 둘렀어도 유분수지 반성의 기미가 전혀 없고 부끄러운 줄을 모르는 철면피의 극치이다.

국가경쟁력 평가항목을 세부적으로 살펴보면 실망을 넘어 화가 치민다. 법체계 효율성이 96위에서 101위로, 반독점 정책의 효율성이 38위에서 49위로 떨어졌고, 기업경영윤리가 56위에서 79위로 떨어져 하락폭이 제일 컸다. 결국 이런 것들이 국가경쟁력을 11위에서 25위로 떨어트리는 결정적인 요인으로 작용한 것이다. 이것은 국가가 통제기능을 상실했거나 기득권 지키기에 매진한 것 때문이라고 할 수밖에 없다.

상대적으로 순위가 낮을 뿐만 아니라 하락폭 또한 커서 국가경쟁력을 악화시킨 기업경영윤리 개선에 대한 정부의 대책이 깜깜 무소식이다. 경제민주화를 주요 공약으로 내건 박근혜 대통령은 겸허하게 이 문제를 받아들이고, 이를 개선하기 위해 최선을 다해야함에도 불구하고 아직까지 뚜렷한 대책을 내놓지 않고 있다. 유신시대로 돌아간 듯 국민을 옥죄기에 바쁘다. 뉴 라이트와 작당하여 독재와 일제강점기를 미화하고 반공을 부추기고 있다. 하락폭은 낮았지만 순위가 가장 낮은 법체계효율성에 대한 대책은 더 한심하다. 하나의 법체계 내에서 함께 규율해야 하는데 개별법으로 분산되어 효율성이 낮거나 절차적 유사성으로 인하여 독자적인 법률로써 발전을 모색하는데 장애가 되고 있는 경우가 많은데 정치권은 정쟁만 일삼거나 아무 상관이 없는 북한에다 대고 손가락질을 해대는 꼼수나 부리니 어찌 한심하다 말하지 않을 수 있는가? 기득권 싸움일랑 이만 거두고, 서로 합심하여 국가의 발전을 위해 총력을 기울였으면 좋겠다.

(2013. 9. 11.)

천손사상은 우리 민족의 긍지

우리는 천손민족이다. 우리는 단군의 자손이고, 단군의 조상은 환웅이시며, 환웅의 조상은 환인천제이시다. 왕이나 종교지도자가 하느님의 아들이라는 경우는 많지만 민족 전체가 천손이라는 국가는 대한민국이 유일하다.

천손사상은 조선을 이어 부여, 고구려까지 모든 국민의 가슴에 각인되어 있었고, 그 저력으로 동북아를 호령하였다. 동북아와 일본을 정벌하여 아시아의 맹주로 세력을 떨쳤던 광개토대왕의 대제국도 천손사상과 다물(多勿)정신으로 동이족을 통합하여 이루었다.

우리 민족의 천손사상은 이스라엘의 선민사상과는 차원이 다르다. 선민사상은 하느님과의 계약에서 출발한 의존적 개념이지만, 천손사상은 우리 모두가 하느님의 자손이라는 적극적인 개념이고, 우리가 곧 하늘이라는 사상이다. 나당연합군의 공격으로 비록 고구려가 멸망하여 그 빛을 조금 잃었지만, 가슴에서 가슴으로 이어져 내려오다가 마침내 동학으로 그 모습을 다시 드러냈다. 동학혁명으로 봉건제도가 붕괴되고 반상이 철폐 되면서 우리나라도 민주주의의 기틀을 잡기 시작했다. '人乃天'은 홍익인간과 더불어 그 어느 종교도 넘볼 수 없는 위대한 진리이며 미래에 닥칠 전 지구적 혼란기에서 인류를 구할 유일한 사상이다.

전 지구가 하나로 통합되고 있는 정보화시대에 무슨 고루한 민족주의 타령이냐고 힐난하는 사람도 있지만 이는 현실을 바로보지 못하는 몽매한 자의 편협한 사고이다. 세계는 점점 블럭화하고 있다. 그리고 그 기저에는 정치와 경제를 넘어 문화적 동질성이 자리 잡고 있다. 고구려가 동북아를 휘어잡을 수 있었던 것도 여진, 거란, 말갈, 흉노족 등, 문화의 뿌리가 같은 동이족을 끌어안았기 때문이며, 광개토대왕의 통치철학인 "한민족 대통합"이 빛을 발했던 것이다. 다물정신은 "옛 영토를 되찾자"라는 뜻이며, 옛 영토란 동이족의 나라인 단군조선의 땅이고, 천손사상의 뿌리인 배달국이다.

多勿, 실지회복(失地回復)은 생각하는 것만으로도 가슴이 뛴다. 단군조선의 영토는 광개토대왕도 완전히 회복하지 못했으니 이제 우리가 되찾아야한다. 하루빨리 통일을 이루고, 100년 전에 잃은 간도를 되찾는 것에서부터 시작하자. 간도는 조선의 외교권을 빼앗은 일본과 청나라가 맺은 조약에 의해 빼앗긴 것이니 우리 땅이 분명하다. 강단사학자들의 농간에 그 당위성이 퇴색 된지 오래지만 17인의 역사교사가 만든 경기교육청 교육 자료가 부활의 단초가 되고 있다. 식민사학자와 사대주의 사학자를 몰아내고 민족사관을 바로 세워 을사늑약의 부당성을 입증하면 영토수복이 가능하다. 중국이 무서워 시작도 하기 전에 좌절하면 우리는 결국 중국의 소수민족으로 전락할 수밖에 없다.

동학혁명의 횃불이 타오른 갑오년을 맞아 우리 가슴에 천손사상이 타오르게 하자. 천손사상으로 전 국민이 무장하면 철의 장막을 무너뜨릴 수 있다. 연개소문을 힘으로는 절대로 무너뜨릴 수 없다고 생각한 당 태종이 친당파인 영류왕을 시해한 연개소문을 패역무도한 세력으로 모는 분열책동으로 고구려를 멸망시킨 역사를 가슴 깊이 새기고, 일본과 친일파들의 이간질과 "우리는 안 된다"는 패배주의 확산을 경계해야한다. 미, 일, 중, 소, 모든 주변국은 우리의 통일을 방해하고, 여론의 분열을 조장하여 우리가 스스로 멸망하기를 바란다. 그러므로 혼란한 이 시대를 깔끔하게 정리할 수 있는 길은 오직 천손사상이다. 사람 위에 사람 없고, 사람 밑에 사람 없다. 다물정신으로 민족을 통일하고 총력진군하자. (2013. 12. 28)

통합의 걸림돌, 흑백논리

경제 불황이 장기화하면서 중산층이 붕괴되고 양극화의 심화 속도가 매우 가파르다. 상하 어느 쪽으로도 편향되지 않는 비판과 완충능력이 탁월한 중산층이 두꺼워야 하는데 그렇지 못해 늘 불안하다. 민생을 외면하고 오로지 재벌과 대기업만 챙긴 MB정부의 실정으로 한국의 경제전망은 아예 시계 제로이다.

중산층이 국가의 존망을 가른다. 한국에서 세대갈등과 이념갈등, 계급갈등이 심화되고 있는 것은 이를 조정할 수 있는 중도세력이 허약하기 때문이다. 중산층이란 자본가(부르주아)와 노동자(프롤레타리아), 두 계급의 갈등을 조정하는 중간계급(프티 부르주아)으로 중산층의 증가는 곧 사회 안정성이 높아지는 것을 의미한다.

그러나 우리나라의 현실은 너무도 절망적이다. 상하부를 유기적으로 연결하고 힘의 균형을 유지하며 상하갈등을 조절하는 허리가 너무 부실하다.

건강한 중산층이 건전한 정치적 중도세력이 된다. 중산층이 줄면 정치적 중도세력도 따라서 줄어든다. 일제식민시기와 반공독재세력이 강점한 정치적 암흑기를 거치는 동안 정치적 중도세력이 몰락하였다. 흑백논리에 함몰된 정치와 이념적으로 보수 편향된 언론의 부추김으로 국민은 극좌와 극우로 양분되어 시간이 흐를수록 서로 반목과 질시의 골이 깊어지고 있다.

흑백논리가 횡행하는 사회에서 중도는 좌우 모두에게 일방적인 구애의 대상이 되기도 하지만 더러는 회색분자로 간주되며 매도의 대상이 되기도 한다. 특히 한국의 정치판에서는 이런 경향이 더욱 두드러져 이제는 좀처럼 중도를 인정하려 들지 않고, 중도의 길을 가려고 하지도 않는다. 이념적 경도가 너무 심하여 협상을 통해 합리적인 합치점을 찾기가 무척이나 힘들다.

대륙세력과 해양세력이 충돌하는 반도에 위치한 우리 나라는 외부세력의 잦은 침입과 강점으로 항상 충성과 반역, 애국과 매국, 백과 흑, 둘 중에 하나를 선택할 수밖에 없었다. 천손민족이라는 거대한 담론에 민족을 선택하고 스스로 파멸의 길을 걸어간 애국세력도 결코 작지 않지만, 외부 세력을 물리치고 나면 침입세력에 빌붙어 힘을 키운 사람과 그 후손은 지배자가 되고 치열하게 민족을 위해 헌신한 사람과 그 후손은 피지배자로 전락했다. 외세의 강점과 해방의 악순환이 반복되면서 정치는 자연스럽게 매국세력과 애국세력으로 양분되고, 국민은 둘 중 하나를 선택하도록 강요받음으로써 사회적 갈등이 해소될 기회를 얻지 못했다.

그러므로 대한민국은 흑백논리가 지배적일 수밖에 없다. "애국이냐? 반역이냐?"로 시작된 논쟁은 자연스럽게 "맞느냐? 틀리냐?"로 분화되어 모두에게 굴레가 되었다. 18대 대통령선거가 끝난 후, 2030

세대와 5060세대의 갈등을 보라. 50대의 몰표가 박근혜 후보를 당선시켰다는 사실에 흥분한 2030세대는 5060세대가 박정희 신드롬에 빠져 악수를 둔 것이라고 하고, 5060세대는 2030세대가 부모세대가 피땀 흘려 이룩한 경제발전의 과실을 향유하면서도 종북세력의 거짓 이념에 속아 5060세대를 매도하고 있다고 성토한다.

흑백논리의 극복이 세대갈등, 이념갈등, 양극화 해소의 지름길이다. 시비곡직을 가려 자기의 의견을 확실하게 표현하는 것이 우리 민족의 본질이지만 수많은 이민족의 침략과 강점을 거치는 동안 본질을 잃고 양비론이나 양시론을 처세술로 살아가거나 매판세력에 부화뇌동하여 흑백논리로 세상을 농단하는 것이 아주 일상화되었다. 2030세대와 5060세대는 다를 뿐이지 어느 쪽이 틀린 것이 아니다. 살아온 시대와 살아온 삶의 궤적이 다르고, 앞으로 살아야 할 시대가 다르기 때문에 어떤 사건에 대해 인식의 차이가 발생할 수 있고, 호불호의 감성도 다를 수 있다. 세상에 표출되는 현상을 흑백논리의 눈으로 보아서는 안 된다. 내 편이 아니면 모두 적이라는 이분법적 사고의 틀에서 하루 빨리 벗어나야 한다. 2030세대가 진보주의를, 5060세대가 보수주의를 택한 것도 서로 다를 뿐이지 누가 틀린 것이 결코 아니다. 우리의 정치가 흑백논리의 굴레에서 벗어나 서로 다름을 인정하고 상대방을 보듬어야한다. 이것이 통합의 시대를 여는 첩경이다.

(2014. 1. 4.)

동북아 역사를 다시 쓰는 심정으로

일본에게 또 당했다. 피는 못 속인다고 했던가? A급전범인 기시 노부스케의 피를 이어받은 아베가 수상이 된 후, 일본은 노골적으로 군국화의 길로 질주하고 있다. 전쟁포기와 공격을 위한 군대 보유를 금지한 헌법 제 9조를 개헌하기 위해 헌법 개정안 발의 요건을 중의원과 참의원 재적의원 2/3이상 찬성에서 1/2이상 찬성으로 완화하려고 안간힘을 쓰고 있다. 평화헌법에 대한 해석을 바꿔서라도 집단적 자위권을 행사하겠다는 입장이다. 그러나 이를 막아야할 미국은 오히려 일본의 집단적자위권 추진을 부추기고, 일본은 한국과 미국을 배신하며 일본인 납치문제를 미끼로 독자적인 대북제재 완화방안을 담은 '북일 합의서'를 도출해냈다.

대한민국이 위기를 맞은 셈이다. 미국의 농간에 놀아나다가 또 다시 일본에게 결정타를 맞았으니 무엇으로 이 난관을 극복할 것인가? 그토록 자국을 아끼는 미국마저 배신하고 북한과 손을 잡는 금수만도 못한 일본과 군사동맹을 맺겠다고 설치더니 참으로 꼴좋게 됐다. 이러니 의리라곤 눈곱만큼도 없는 일본과 손을 잡으려한 것보다 더 어리석은 일이 세상에 또 어디 있겠는가?

물론 미국도 믿을 수 없긴 마찬가지다. 어리석은 것인지, 일부러 그러는 것인지 이런 시국에 한미일 대북공조는 무슨 뚱딴지같은 소리인가? 더군다나 중국이 한국의 동북아 미사일 방어체계(MD) 참여에 경고 메시지를 보내고 있는 마당에 MD체계에 한국을 편입시키려고 전 방위적으로 압박하고 있는 미국은 예의도 없는 참으로 철면피한 국가이다. 오로지 자국의 이익을 위해 사랑도 정의도 내팽개치는 패륜국가이다. 생각해보라! 대한민국의 분단은 미국과 소련의 욕심 탓이었다. 저들의 야욕에 동조한 이승만과 김일성의 단독정부구성은 백번을 양보해도 반민족적이다. 김구선생의 뜻대로 남북이 통일정부를 구성해야했다. 생각할수록 미소가 야속하다. 독일이 동서로 분단된 것처럼 전쟁을 일으켰다가 패전한 일본을 남북으로 갈라놓아야지, 왜 전승국인 우리나라를 분단시켰는가? 2차 대전을 승리로 이끈 미국과 소련이 승전의 노획물로 챙기는 것이었다면 당연히 일본의 분할이 옳지 않은가?

이제 남은 방법은 하나다. 하루빨리 남북통일을 이루어야한다. 일본은 반드시 우리나라를 침략할 것이고, 미국은 일본을 편들 것이다. 일본은 버거운 중국을 피해 친일파들이 득세하여 다루기 쉬운 한국을 먼저 선택할 것이 분명하다. 이제 곧 독도점령을 시작으로 한반도강점을 획책할 것이다. 어리석은 북한을 설득하여 일본과의 공조를 깨고, 우리가 완벽히 하나가 되어야 우리 민족이 살 수 있다. 남한의 기술과 자본, 북한의 지하자원을 합하면 일본을 곧 능가할 수 있다. 저들은 핵과 미사일기술을 보유한 북한을 두려워하지 않을 수 없다. 이제라도 우리 국민이 깨달아야한다. 중국과 러시아를 방어하기 위한 미국의 술책에 속지 말고 스스로 모든 것을 풀어야한다. 미국은 자국의 이익과 일본밖에 모른다. 신의도 정의도 없다. 그래서 우리가 살 수 있는 길은 오로지 남북통일밖에 없다. 우리 민족이 굳게 뭉쳐 스스로 그들을 막는 방법밖에 다른 도리가 없다. 대한민국 단독으로 일본과 미국을 막기에 역부족이라면 중국과 손을 잡는 방법도 있다. 철지난 이념 따윈 이제 아무 쓸모가 없다. 새는 좌우날개로 난다. 무역에서도 우리에게 최대의 이익을 주고 있는 나라가 중국이다. 동북아역사를 다시 쓰는 심정으로 중국을 설득하고, 남북통일로 일본의 침략에 철저히 대비해야한다. (2014. 6. 23.)

첫눈이 안겨준 통일의 꿈

여름이 가는가 싶더니 어느새 가을이 깊어졌다. 아침저녁으로 불어오는 바람이 꽤 싸늘하다. 이제 머지않아 산마루에 단풍이 붉게 타오르고, 하얗게 첫눈이 내릴 것이다, 빈들에 휘파람 불며 서성이는 높새바람이 후벼 파듯 가슴을 헤집으면, 내 가슴은 깊은 시름에서 벗어나 다시 태어나는 기쁨이 들끓는다.

첫눈을 바라보면 민족 사랑이 절로 샘솟기 때문이다. 요즈음 50-60대 사람들에게 크게 유행하는 "안동역에서"처럼 나는 첫눈을 보며 이루지 못한 사랑을 그리워하거나 추억에 빠져 허우적거리지 않는다. 일제 식민지배에 대항하기 위해 두만강을 건너 만주에서 독립투쟁에 몸을 바친 사람들을 떠올리며 아버지의 원(寃)과 한을 내 가슴에 담는다.

그토록 염원하던 광복을 찾았지만 친미로 둔갑한 친일파의 횡포에 아버지는 광복의 기쁨을 제대로 누려보지 못하고 세상을 하직하셨다. 친일파를 끌어들여 항일세력을 오히려 핍박하고 장기집권을 위해 온갖 만행을 감행하던 이승만이 물러나고, 잠시 회복세를 보이던 항일 민주세력이 박정희를 비롯한 또 다른 친일파의 손아귀에서 고난을 받기 시작할 무렵에 이 땅을 떠나셨다. 대우는커녕 항일의 공적을 인정받지도 못하셔서 퍽이나 화를 끓이셨을 테지만 병이 깊어 대항하지 못했다. 그래서 나는 노무현 대통령이 취임하시던 해에 아버지의 항일투쟁이 담긴 재판기록과 신문, 역사서에서 자료를 모아 보훈청에 공훈신청을 했고, 마침내 독립유공자 서훈을 받아 영전에 바쳤다. 그 기쁨과 민족애를 영원히 가슴에 새기기 위해 항일항쟁이 가장 치열했던 중국 3성을 답사했다. 10분의 1도 안 되는 병력으로 일본군을 초토화시킨 청산리지역을 돌아보다 첫눈을 만나 눈(雪)을 낭만의 눈(目)으로 바라보는 시각을 내던졌다. 첫눈이 잘게 부서져 내리고 더 차갑게 느껴지는 것은 북만주의 한이 담겨져 있기 때문이라는 생각으로 소중히 바라보고 애국심을 고양시킨다.

언젠가 통일을 이루게 되면 우리 민족은 일본을 압도하는 힘을 가지게 될 것이다. 식민사관으로 무장한 친일세력이 정권을 탈취한 후 통일의 기회가 점점 더 멀어지는 것 같지만 머지않아 통일을 이룰 것이며, 북의 군사력과 남의 경제력을 합하면 고구려 시질의 강성함을 되찾기까지 그렇게 오랜 시간은 걸리지 않을 것이다. 희토류 등 북한지역에 묻힌 지하자원을 남한의 기술과 자본으로 발굴하고, 북한주민의 일자리를 위해 중국과 베트남에 나가 있는 공장을 북한으로 돌리면 이내 한민족 상생의 길이 열린다. 물론 '주변국의 욕심을 어떻게 극복하느냐'는 문제가 남지만, 우리가 진정으로 하나가 되면 그렇게 크게 걱정하지 않아도 된다. 미국, 러시아, 중국, 일본, 그 어느 나라도 우리의 통일을 바라지 않기 때문에 이를 극복할 공통의 의지가 필요할 뿐이다. 그러므로 기득권을 확보하고 있는 대한민국의 친일파들을 먼저 척결해야한다. 친일파는 통일을 말하면 통일비용을 들먹이며 아직은 때가 아니라고 둘러댄다. 기득권이 더 소중하고, 자손에게 두고두고 대물림하고 싶기 때문에 그들은 통일을 결코 바라지 않는다.

그러나 기득권도 재산도 나라를 빼앗기면 모두 물거품이 된다. 도끼눈을 뜨고 호시탐탐 침략을 노리는 일본 우파들의 행동을 보라. 대륙진출을 최대 목표로 삼는 일본 극우파결사체인 "일본회의" 출신 각료가 19명중 16명인 아베내각을 보면서도 그들을 경계하지 않는 것은 스스로 망국의 길로 가는 것과 절대로 다르지 않다. 통일을 이뤄 민족애로 무장하지 않으면 일본의 재침을 결코 막을 수 없다. 통일만이 우리 민족이 사는 길임이 분명하다. (2014. 10. 1.)

조화(調和)속에 행복이 있다.

노자 도덕경 25장에 "人法地 地法天 天法道 道法自然"이라는 말이 있다. 사람은 땅을 본받고, 땅은 하늘을, 하늘은 도를, 도는 자연을 본받는다는 뜻으로 인간이 자연을 거스를 수 없음을 강조한다. 흙에서 태어나 흙으로 돌아가는 것이 삶이기 때문에 오롯이 자연에 동화되어야 건강할 수도 있다. 자연의 법칙에 순응하지 않는 삶은 아름답지 않을 뿐만 아니라 행복할 수도 않다.

그러므로 우리 민족은 전통적으로 병을 치료하는데 약보다 음식을 우선했고, 제철음식을 최고로 쳤다. 지자체마다 새우, 가자미, 주꾸미, 전어가 나는 시기에 맞춰 축제를 여는 것도 이 때문이다. 생선뿐만 아니라 산과 들에 나는 나물들도 철에 맞춰 채취하고 먹어야 몸에 이롭다.

제철음식엔 음양원리 등, 자연의 법칙이 고스란히 담겨 있다. 여름은 양기가 승한 계절이므로 음기가 강한 겨울에 자란 보리와 밀을 주식으로 삼아야 음양이 조화를 이룬다. 반면에 음기가 성한 겨울엔 양기가 극에 달한 시기에 자라 양기가 풍부한 쌀밥을 먹어야 건강에 이롭다. 여름철에 수박이 있는 것은 비록 양기가 성한 계절에 자라지만 물이 많고 이뇨작용이 풍성해 열을 내리고 수분공급을 도와주기 위함이다. 봄에는 입맛이 없는 계절이므로 입맛을 돕기 위해 봄나물은 쓴 맛이 강하다.

자연은 이렇게 절묘하게 조화를 이룬다. 자연 속에는 서로 상극인 것들이 많이 존재하지만 또 그만큼 조화의 여지를 남겨두고 있다. 물과 불은 음양의 꼭지 점에 있어도 서로 돕는다. 불을 이길 수 있는 것이 물이며, 물을 이롭게 하는 것도 불이다. 불이 있어 물이 순환하고 생태 사이클이 유지된다. 물과 불이 서로 싸우기만 한다면 세상은 결코 존재할 수가 없다.

음양이 조화를 이룰 수 있 것은 用(용)이 空(공)에서 시작하듯 먼저 내 강점을 포기하기 때문이다. 호흡의 원리도 그렇다. 내 것을 먼저 내주어야 새로운 것을 얻을 수 있다. 내뿜지 않으면 절대로 들이마실 수가 없다. 사상도 다르지 않다. 새가 날 수 있는 것은 날개가 좌우에 있기 때문이며, 좌든 우든 어느 것도 혼자서는 세상을 다스리지 못한다. 공산주의도, 사회주의도, 자본주의도 모두 장점이 있고 단점이 있다. 그래서 지나치게 한 쪽에 치우치면 안 된다. 비록 공산주의가 패망의 길을 걷고 있지만, 한 시대를 풍미한 것은 그래도 그 나름의 장점이 있었기 때문이다. 다만 그것을 운영하는 지도자들의 권력지향으로 지속적인 대중의 지지를 얻지 못해 몰락했다. 자본주의도 지금은 세계를 쥐락펴락하는 듯하지만, 그 병폐가 하나 둘 불거지고 있어 수정하지 않으면 몰락을 피할 수 없을 것이다.

향기가 바람을 거스르지 못하는 것처럼 그 어떤 것도 자연의 법칙을 거스르지 못한다. 그러므로 정치도 순리 안에서 서로 조화를 이룰 때 가장 영향력이 크다. 음과 양이 조화를 이뤄 자연을 이끌어가듯 진보와 보수가 조화를 이루면 국민이 행복하고 국가에 경쟁력이 생긴다. 물이 위에서 아래로 흐르듯 권력이 겸손해지고 순리 안에서 조화를 이루게 되면 아무리 사악한 세상이라도 인류의 복지를 유지할 수 있다. 남북통일도 그렇다. 서로 내려놓아야한다. 자본주의에도 천민자본주의의 병폐가 있듯 공산주의에도 독재라는 걸림돌이 있지만, 상대방의 단점을 보지 말고 장점을 보며 민족상생의 길인 통일을 모색해야한다. 조화 속에 행복이 있다. (2014. 11. 12.)

순망치한(脣亡齒寒)

가보세 가보세
을미적 을미적
병신되면 못가보리

부패한 봉건주의와 외세척결을 부르짖으며 발기한 동학혁명군이 진군할 때 부르던 노래이다. 가보세는 갑오년(1894년), 을미적은 을미년(1895년), 병신은 병신년(1896년)을 의미하며, 앞으로 닥쳐올 미래에 대한 우려를 암시하고 있다. 안으로 탐학한 관리의 머리를 베고, 밖으로는 횡포한 강적의 무리들을 내쫓고자 일으켰어도 미적거리다가 때를 놓치면 실패할 것이라고 스스로를 강박하며 부르던 노래였다.

동학혁명은 사악한 일본군의 개입으로 뜻을 이루지 못하고 허망하게 무너졌다. 그러나 3,1운동과 독립투쟁의 밑거름이 되었으며, 4,19혁명, 5,18민주항쟁의 뿌리이다. 우리 민족의 가슴에 인내천(人乃天)을 심어 인권을 중시하며, 반외세와 정의를 지향하는 국혼을 형성했다. 미국, 일본, 중국, 소련 등, 실로 천인공노할 악귀의 틈바구니에서 각종 환란을 극복하고 한류를 꽃 피우며 마침내 세계 10위권의 경제대국을 이루어내는 원동력이 되었다.

동학혁명에서 보듯 갑오년은 변화를 넘어 격동의 시간이다. 동학혁명 발발 60년 후인 1954년도 이승만이 장기집권을 위해 사사오입 개헌을 감행했고, 세계에 매카시즘의 광기가 휘몰아쳤다. 2014년은 생각하는 것만으로도 소름이 돋는 엄청난 사건들이 일어났다. 사고공화국인지, 민주공화국인지 모를 만큼 국기를 뿌리째 흔드는 사고가 연이어 터졌다. 국가가 단 한명도 구하지 못한 세월호 참사, 비선실세 국정농단의혹, 청와대 문건유출사건, 헌정사상 초유의 통합진보당 해산 결정, 한일군사정보공유협정 체결 등, 정상적인 국가에서는 결코 일어날 수 없는 일들이 꼬리를 물었고, 2014년의 사자성어 지록위마(指鹿爲馬)가 암시하듯 옳고 그름이 허망하게 뒤바뀌는 세월이었다. 권력을 잡은 세력이 진보주의를 종북이라고 하니 진보주의자가 모두 빨갱이가 되는 세상이었다.

민주국가는 생각의 다양성을 존중하여 사상과 표현의 자유를 보장해야하는 것인데 아차 하는 순간에 나라꼴이 쑥대밭이 되었다. 동학혁명의 불길이 솟아오른 1894년의 상황과 별반 다르지 않았다. 밖으론 일본의 발호가 계속되고, 땅콩회항으로 그 실체가 여실히 드러난 천민자본주의 횡포와 부패한 관료들의 비리가 끊이지 않는다. 정부는 이러한 부끄러운 것들을 감추기 위해 뻔뻔스럽게 매카시즘의 칼을 휘두르고 있다. 민주주의의 사망선고나 다름없는 통합진보당 해산 결정을 강 건너 불구경하듯 수수방관하고 있는 정치권을 보면 참담하기 이를 데 없다. 너나할 것 없이 권력 눈치 보기에 급급하다. 소위 제1야당이라는 새정치민주연합도 당권경쟁에 몰입하고 있을 뿐 민생에는 별로 관심이 없다. '통합진보당 해산 결정문' 제출을 공식 요청한 세계헌법재판기관회의체인 베니스위원회가 어떤 결정을 내릴지는 지켜봐야 알겠지만, 과잉금지원칙위배 가능성 등, 베니스위원회 기준에 어긋나는 대목이 있어 세계적인 망신을 사지나 않을까 걱정이다.

순망치한, 입술이 없으면 이가 시리다. 이렇게 속절없이 권력의 횡포에 손 놓고 있다가는 다음 희생자가 '나'일 수 있다. 사상의 편향과 권력의 횡포에 눈 감고 살면 순식간에 모든 것이 나락으로 떨어진다. 거꾸로 돌고 있는 시계바늘을 되돌려 민주주의를 바로 세워야한다. 좌우날개가 함께 움직이지 않으면 새는 결코 날 수가 없다. 아아, 가보세 가보세. 을미적 을미적, 병신 되면 못가보리! (2014. 12. 30.)

제5장

꿈이 주저앉다

역사는 반복하는가

역사는 발전하는가? 아니면 반복하는가? 한미자유무역협정 비준이 한나라당의 날치기로 통과된 후, 격화일로에 있는 반대시위와 도를 넘는 날선 공방을 보면서 문득 을사늑약 비준과정과 그 폐해가 떠올랐다.

정부여당을 비롯한 찬성진영에서는 구국의 결단이며 국부를 증대하고 일자리를 늘려 토탄에 빠진 국민의 삶을 구할 수 있는 최고의 선택이라 하고, 반대쪽에서는 한미자유무역협정 추진세력을 을사오적으로 간주하며 마땅히 철회해야 한다고 목청을 높인다. "을사조약이 쪽팔려서"를 보고 한미자유무역협정 찬성론자에서 반대론자로 바뀐 인천지법 김 하늘 부장판사가 법원 내부 게시판을 통해 한미자유무역협정이 불평등조약일 가능성이 있는 만큼 이를 법리적으로 재검토할 TF팀 구성을 청원하겠다고 밝혀 찬반논쟁을 증폭시켰다. 김 하늘 판사의 글에 170명의 판사들이 댓글로 공조했고, 이에 대해 삼권분립을 침해하는 처사라며 발끈한 수원지검 김 용남 부장검사의 행태를 보면서 나는 자연스럽게 '을사늑약을 떠올렸다.

물론, 대다수 찬성론자나 반대론자도 한미자유무역협정의 어떤 조항이 어떻게, 얼마나 잘못된 것인지는 명확히 알지 못할 것이다. 1,500쪽에 달하는 문서의 방대함뿐만 아니라, 고도의 전문성을 요하는 내용이어서 쉽게 이해할 수가 없기 때문이다.

그러나 한미자유무역협정에는 ISD를 비롯한 몇몇 조항에 심각한 문제가 있고, 농축산업의 붕괴가 충분히 예견된다. 특히 ISD는 한미자유무역협정에만 있는 것이 아니라 미국과 자유무역협정을 체결한 남미의 자유무역협정에도 있으며, 그들은 전혀 문제 삼지 않는다고 둘러대고 있지만, ISD는 결코 그렇게 만만한 것이 아니다. 남미와 우리나라는 전혀 다르다. 경제규모 뿐만 아니라 대외 의존도가 그들 나라보다는 대한민국이 월등히 높고, 주식시장개방도도 그들보다 훨씬 높기 때문에 심각한 문제를 초래할 수가 있다. 단 한 주를 가진 투자자라도 자신의 기대이익이 침해당했다고 생각되면 언제든지 소송할 수 있기에 우리나라 기업의 안전한 기업 활동을 기대하기가 어려워질 수도 있다. 또한 극심한 붕괴가 예견되는 농축산업에 대한 충분한 연구와 철저한 대비책을 세우지 않고 서둘러 받아들인 것이 크게 걱정이 된다. 농축산업은 국가와 민족의 존망을 가름하는 기반산업이다. 밀을 값싸게 공급하다가 우리 밀 경작이 완전히 붕괴되자 가격이 고공행진을 하고 있는 현상을 보면 그 폐해가 쉽게 예상된다. 쌀 개방은 우리의 생명 주권을 포기하는 것과 같다.

한미자유무역협정은 진정 누구를 위한 것일까? 한미자유무역협정을 누가 더 원했는가? 미국인가, 한국인가? 미국이 더 원했고, 찬성론자들이 기득권층이라면 서민의 삶은 오히려 위축될 것이며, 소득 상위 1%를 위한 것이라면 반민족적인 을사늑약과 다를 바가 없다.

을사늑약으로 인하여 우리 민족이 당한 고통과 폐해를 보면 너무 끔직하다. 을사늑약은 5년 후 일제강점의 시작인 경술국치로 이어졌다. 남자는 징용에 끌려가고, 전쟁터의 총알받이로 내몰렸으며, 전쟁 성노예(위안부는 친일적인 용어)로 참혹하게 희생된 사람이 20만 명에 이른다. 어디 이것뿐인가? 국토의 곳곳이 훼손되었고, 만주철도 부설권과 맞바꾼 간도가 얼마나 소중한 우리의 영토인가?

역사는 반복된다. 역사학자 토인비가 주장했듯이 역사는 발전하는 것이 아니다. 대한민국에서 발생한 반민족적, 반민주적 사건을 보면 모두 친일파를 청산하지 못한 것에서 비롯된다. 소위 수구세력의 면면을 보라. 그들의 뿌리를 찾아 거슬러 올라가면 모두 친일로 귀결될 것이다. 이승만이 정치적 야욕을 접고 철저하게 친일파를 색출, 엄벌했다면 대한민국의 헌정사가 이렇게까지 꼬이진 않았을 것이다. 역사의 고비마다 냉엄한 단죄와 강력한 단절이 필요한데 우리는 한 번도 그렇게 하지 못했다.

異민족인 당나라를 끌어들여 고구려와 백제를 도륙하고, 광활한 고구려의 영토를 고스란히 당에 바쳐 한민족을 반도에 가둔 신라의 치졸한 역사를 보라. 오랑캐의 힘을 빌어 제 형제를 유린한 반민족행위를 숨기기 위해 의자왕의 무능과 삼천궁녀로 대변되는 타락사를 백제에 뒤집어씌웠다. 고구려의 패망도 연개소문 아들들의 골육상쟁의 결과로 격하시켰다. 수천 년을 면면이 이어온 천손사상을 훼손하고, 민족사적 입장에서 보면 지극히 패역한 신라의 범죄를 고려가 단죄하지 못했기 때문에 김부식의 삼국사기도 사대주의사관을 벗어나지 못했다.

我驕傲不恭 帝將討之(아교오불공 제장토지)

삼국사기에 기술된 수나라와 고구려의 전쟁에 대한 표현이다. 사대주의 사관의 폐해가 얼마나 심각한지를 극명하게 보여주는 사례의 하나라고 할 수 있다. 고구려가 교만하고 오만하여 수나라 황제가 토벌하였다니, 망발도 이런 망발이 있을 수 없다. 수나라는 고구려와의 전쟁에서 패해 몰락했고. 을지문덕의 살수대첩은 세계사에 길이 남을 승전사가 아닌가? 討란 민란이나 반역의 무리를 평정할 때 쓰는 단어이지 국가 간의 전쟁에 쓰이는 말이 아니다.

이러한 역사적 오류는 이성계가 원과 명의 패권다툼이 치열하게 전개되고 있어 한 민족이 대륙을 회복할 절호의 기회를 버리고 위화도회군을 감행하여 고려왕조를 무너뜨리는 역사를 짓고, 병자호란과 임진왜란, 일제강점을 배태했다. 자력으로 해방을 이룰 기회를 빼앗긴 독립운동세력도 외세를 등에 업은 이승만의 간교한 반공이데올로기를 넘지 못해 우왕좌왕하다가 지리멸렬하고 말았다. 그래서 대한민국의 현대사는 친일파의 독무대가 되었다. 정치계뿐만 아니라 문화예술계, 역사학계도 '식민지근대화론'으로 식민통치를 미화하고, 식민사관에 세뇌되어 민족의 전 역사를 난도질하는 작태를 공공연히 자행하고 있다. 일제가 침략과 식민통치를 합리화하기 위해 만들어낸 식민사관은 한민족의 자주적인 역사발전과정을 부정하고 한국사에 타율적이고 정체적인 측면만을 부각하여 우리 민족을 형편없이 열등한 민족으로 인식시켜 영원히 지배하려고 획책한 야비한 역사관이다. 우리 역사에 엄연히 살아 숨 쉬고 있는 진취적이고 대륙적인 고구려와 백제의 얼을 말살하기위해 소위 통일신라를 강조함으로써 사대주의에 찌든 미개한 민족으로 전락시켰다.

식민사관에 물든 역사학자들은 중국의 사서에도 엄연히 존재하는 우리의 찬란한 고대사를 신화로 돌린다. 1대 환검단군에서부터 47대 고열가단군까지 2,096년간 북방을 다스린 단군조선의 실존을 부정하려 드는 실로 개탄스런 일이 왕왕 벌어지고 있다. 단군상의 목을 자르는 포악무도한 개신교도의 망발은 분노를 넘어 살해의 충동조차 억누를 수가 없다.

마음을 가다듬고 다시 한 번 숙고해보자. 단기원년에 홍익인간을 건국이념으로 하여 조선이 건국되었는데 3725년 후에 이성계가 그 조선의 영광을 계승하기 위해 국호를 조선이라 칭하고 새 왕조를 열었다. 그러면 후에 세운 조선을 後조선 혹은 新조선이라 하는 것이 옳은 것이 아닌가? 단군이 세운 원 조선에 옛 고 자를 덧붙여 고루한 이미지를 덧씌워 희화화하고 신화화하는 작태를 스스럼없이 연출하고 있는 강단사학자들의 망발이 실로 개탄스럽다.

한미자유무역협정 등 작금에 벌어지고 있는 사건을 보라. 어찌 통탄하지 않을 수 있는가? 현재 국내외 상황을 살펴볼 때, 경제력과 군사력만 조금 다를 뿐, 대내외 사정이 을사늑약 당시와 전혀 다르지 않다. 미국, 일본, 중국, 러시아가 벌리는 이권다툼이 실로 무섭고 소름끼칠 만큼 간교하다. 우리가 똑바로 보고 적절히 대처하지 않으면 을사늑약의 병폐를 그대로 도출하고 말 것 같다. 일제의 국권침탈과정에서 저항하고 고민하던 조선 관리들이 결정적인 순간에 자신의 안위를 위해 친일로 돌아서는 기회주의적 태도를 보인 것처럼 한미자유무역협정에 대해 정부에게 자제를 당부하고 탄탄한 보완책 마련과 치명적인 독소조항을 찾아 제거한 후 체결하여도 늦지 않다고 조언해야할 각계의 원로들이 자파의 정치적 득실을 점쳐 침묵하거나 찬양하는 작태를 볼 때 한미자유무역협정이 을사늑약처럼 되지 말란 법이 없다. 잘못된 법이나 헌법은 국민의 청원에 의하여 개정될 수 있지만 외국과 맺은 조약은 우리 마음대로 개정할 수 없는 것이기에 앞으로 무슨 일이 벌어질지는 아무도 모른다.

정녕코 바로잡아야 한다. 역사를 바로 보지 않고는 나라가 바로 설 수 없다. 천박한 역사의식은 천박한 역사를 짓는다. 역사는 발전하는 것이 아니고 반복하는 것이기에 명명한 단죄와 단호한 단절이 꼭 필요하다. (2012. 4. 4.)

後三國時代

새누리당의 승리로 19대 총선이 끝났다. 국가의 비전을 제시하는 사람은 없고, 신기루 같은 허황한 정책을 들고 나와 썰레놓거나 음흉한 네거티브전술만 춤을 추었다. 그러나 뚜껑을 열고 보니 이번에도 어김없이 지역주의를 넘지 못했다. 강원과 영남을 비롯한 전통적인 한나라당 강세지역인 동부는 새누리당을, 호남과 서울 등 서부는 통합민주당을 선택했다.

총선 표심을 분석해보면 더 기가 막힌다. MB정부의 실정으로 한층 더 곤궁해진 서민의 삶도 지역주의에 갇혀 정권심판이라는 표심을 전혀 일으키지 못했다. 세대간, 계층간 대결 양상이 극명하게 표출되었다. 2-30대는 진보 쪽에, 50대 이상의 노인층은 수구세력에게 표를 몰아주었다. 야권 연대가 승리한 서울에서도 강남을 비롯한 소위 부자 동네서는 새누리당이 승리했다. 한-미, 한-EU FTA 체결로 충분히 붕괴가 예상되는 농촌지역 마저 지역의 벽을 넘지 못하고. 영남은 어김없이 새누리당을 선택했다. 누가 뭐라고 하든, 세계의 흐름이 어떻게 되든, 어떤 인물을 공천하든 지역에 볼모잡힌 표심은 조금도 흔들리지 않았다.

한국의 정치 세력들은 이런 동서(영호남)간, 세대간, 계층간으로 양극화 된 표심을 의지해 편안하게 선거를 치른다. 여론을 무서워하거나 민심의 동향을 파악할 필요도 없다. 자파의 이익과 기득권이나 챙기고, 공천권을 쥐고 있는 보스의 눈에만 거슬리지 않으면 되기에 국가의 미래나 정책의 타당성엔 관심을 갖지 않는다. 보스가 추진하는 정책에 손을 들어 주고 보스의 기득권 챙기는데 적극적으로 협조하면 그만이다. 치명적인 결함이 제기된 문 대성, 김 형태 당선자 처리도 승리감에 취해 한 동안 뒷짐을 지고 있다가 부정적인 여론이 들끓는가 싶으니, 이제야 그들과 선을 긋는 척한다. 원칙과 소신의 정치인이라는 박 근혜 비대위원장도 "사실 확인 후 입장을 낼 것"이라고 말하며, 그들을 옹호하는 인상을 줘 당내외의 집중포화를 맞았다. 새누리당의 한 의원이 세계일보와의 통화에서 총선 승리에 자만해 신속하게 처리하지 못한 것이 아닌지 자성해야 한다고 일침을 놓았고, 지난 12일 박 근혜 키드인 이 준석 비대위원도 출당을 논의해보겠다고 말했지만 성공하지 못했다.

새누리당은 아직도 사건의 중대성을 인지하지 못하고, 문 대성, 김 형태가 자진 탈당하는 것으로 어물쩍 넘기려 한다. 그러나 탈당으로 적당히 뭉갤 수 있는 사안이 결코 아니다. 적어도 차기 정권을 꿈꾸는 정당이라면 도덕성에 치명적인 결함을 보인 두 사람은 당연히 출당시켜야 맞다. 논문표절은 가장 악질적이고 파렴치한 사기행위이고 사실상 절도행위와 같다. 고도의 정신적 결과물인 논문을 표절하고, 그렇게 하여 얻은 박사학위로 교수의 직함을 얻었다면 이것은 명백한 범죄이다. 더욱 제수 성추행 파문에 휩싸인 김형태는 그 정도가 더 심하여 도저히 묵과할 수가 없다. 접대부를 성추행해도 범죄가 되는 시대에 유부녀를, 그것도 제수를 성추행했다면 말해서 무엇 하겠는가. 설사 김형태의 말대로 그런 사실이 없다고 하더라도 이런 일로 제수에게 고소된, 그 자체만으로도 국회의원 자격이 없다. 그런 오해를 불러일으킬 만한 언행을 했다면 자신의 어리석은 행위에 대해 깊이 사죄하고 스스로 의원직을 내놓아야한다.

통합민주당이 저질을 공천 했다면 새누리당은 범죄를 공천했다. 인격파탄자를 공천한 세력과 그런 혐의가 공포됐음에도 불구하고 그들을 당선시킨 사람들은 크게 반성해야한다. 시각에 따라 서로 다른 처방을 내릴 수는 있지만, 이러한 참담한 결과를 불러온 가장 핵심적인 원인은 지역주의에 갇힌 정치구조이다. 지역주의의 벽을 허물지 못하면 천년을 가도 이 모양, 이 타령일 것이다. 지역주의의 고착이 자파의 이익과 기득권 유지에 안성맞춤이라고 생각한 독재자, 박정희, 전두환, 노태우가 조장하고 키운 것이기에 정권교체가 이루어진다고 해도 시원하게 해결될 수는 없을 것이다. 그들의 야욕이 지역주의를 키웠고, 부채질한 측면이 있기에 그들의 죄과를 가려 정확히 단죄하면 한층 좋아질 수도 있지만, 그 독재자에 빌붙이 지역주의를 소장한 조중동을 비롯한 파렴치한 극우언론의 죄가 결코 작다고 할 수는 없기 때문이다. 또한 역사적인 요인도 전혀 무시할 수 없다. 異민족을 끌어들여 제 민족을 도륙한 신라의 반민족행위가 그 뿌리이다. 역사에서 신라의 반민족행위를 단죄하고 그 사실을 적시하지 못한 죄업으로 천년이 지난 지금까지 여전히 소통이 되지 않고 있다고 해도 전혀 지나치지 않다.

현재 대한민국은 후삼국시대이다. 백제와 신라는 국가적으로는 통일했지만 민심의 기저에는 이름 모를 원한이 유전되고 있다. 신라와 백제의 전쟁에서 승자와 패자가 서로 전쟁으로 입은 상처를 치유해주지 못했고, 후세에 역사적으로 옳고 그름을 정리하지 못했다. 후고구려(북한)는 그 웅혼을 잃고 이데올로기에 노예가 되어 호시탐탐 적화통일을 염원하고 있으니 참으로 슬픈 현실이 아닐 수 없다. 더욱 우리의 통일을 바라지 않는 주변 강대국의 이간질로 통일의 기회가 점점 더 멀어지고 있는 것 같아 분통이 터진다. 한 정치체제 아래에 있는 후신라와 후백제마저도 이렇게 무서운 암투를 계속하고 있는데. 하물며 이념을 달리하는 후고구려는 어쩌겠는가? 어쩌다가 천제의 자손인 우리 민족이 이렇게 참담한 상극의 구렁텅이에 빠져 옴짝달싹도 하지 못하는가? 우리 모두가 천손임을 깨닫고 하나로 뭉치기만 하면 일본은 말할 것도 없고 중원을 점령하지 못할 것도 없는데 통일의 그 날이 너무 멀게만 느껴진다.

천손민족이여! 하루 빨리 통일을 이루고 일치단결하여 세계로 나아가자. 독도를 자국 영토라고 주장하는 후안무치한 일본의 숨통을 끊고, 매판세력을 부추겨 자국의 영달을 도모하는 미국의 망발을 물리치자. 중원으로 밀고 올라가 고구려, 단군조선의 강역을 온전히 회복하자. 그렇지 않으면 우리 민족은 사라지고 만다. 공격이 최선의 방어이다. (2012. 4. 25.)

정치의 그늘, 세대갈등

세대갈등은 5년 전의 현상이고 지금부터 5년은 세대전쟁이 될 것이라고 한다. 18대 대통령선거가 박빙의 승부였던 만큼 패배에 대한 상실감이 상상할 수 없을 만큼 클 것이라는 것은 알고 있지만 날이 갈수록 심화되는 세대갈등이 걱정스러워 잠이 오지 않는다.

일본과 미국의 파렴치한 양적완화정책으로 가뜩이나 경제의 몰락이 우려되는 상황에서, 우리 모두가 힘을 합하여도 난국의 돌파가 쉽지 않을 냉엄한 경제현실을 앞에 두고 이 무슨 수치스런 일이란 말인가? 2030세대에게 선거의 패배를 인정하고, 승자를 적극적으로 돕는 것이 민주선거의 원칙임을 강조하며 밀어붙이면 갈등이 봉합되기보다 오히려 심화되고 마침내는 서로가 돌이킬 수 없는 혐오의 대상이 될 것이다.

정부가 하루 빨리 적극적인 대안을 내놓아야 한다. 2030세대의 동향을 주의 깊게 살펴보면, 결코 그들의 주장이 합리성이 결여된 억지가 아니라는 것을 알 수 있다. 겉으로 드러난 "지하철 노인 무임승차제 폐지" 문제만 부각시키며 2030세대의 뜻을 간과하면 세대갈등이 세대전쟁으로 비화할 소지가 얼마든지 있다. "지하철 노인 무임승차제 폐지"에 대한 2030세대의 폭발적인 지지를 선거패배에 대한 보복이라고 해석하는 것은 편협한 사고이다. 지하철 노인 무임승차제는 2030세대의 청원이 아니더라도 여러 측면에서 바람직하지 않다. 수십억 원의 재산을 소유한 노인이라도 65세 이상이면 무조건 지하철 무임승차가 허용된다는 것은 허접한 보편적복지제도이다. 어린이 무상급식에 대해 좌파의 무상복지가 나라를 망친다고 핏대를 올린 자가 누구인데, 지하철 노인 무임승차를 전폭적으로 옹호하고, 폐지를 주장하는 2030세대를 충효를 모르는 패륜집단으로 매도하는 5060세대의 행태가 눈꼴사납다.

몇 번을 다시 생각해도 지하철 노인 무임승차제는 폐지하거나 선택적복지로 바꾸는 것이 옳다. 비록 미미한 효과일지라도 지하철 노인 무임승차제를 철회하여 발생하는 재정을 연금에 투입해 기초노령연금 지급액을 상향시키는 것이 바람직하다. 기초노령연금은 가구별 소득재산의 환산액이 산정기준 이하인 경우에만 지급됨으로 선별적 복지제도에 정확히 합치된다. 2012년 기준, 65세 이상 노인의 70%가 지급받고 있어 부유층 노인을 제외한 전 노인이 혜택을 보고 있는 셈이다. 이는 무임승차 대신에 교통비를 현금으로 지급하는 방식과 같고, 국가적으로도 에너지비용이 감소하는 효과가 있다.

이제 세대갈등을 부추기던 선거가 끝난 지도 한참이 지났다. 하루 빨리 갈등의 원인을 제거하고, 분열을 넘어 통합의 시대로 나아가야 한다. 세대갈등의 가장 큰 원인은 복지제도에 있는 것이 아니라 경제성장률 둔화로 인한 일자리 감소에 있다. 1981년 7,4%인 GDP성장률이 2012년엔 3%이하로 떨어졌고, 대기업 중심의 고용 없는 성장이 계속되고 있다. 성장률 둔화는 기업의 투자 감소로 이어졌고, 고용창출이 어려워진 기업은 일자리를 줄일 뿐만 아니라 신규채용보다 경력자를 우대한다. 20대 일자리가 1981년에 367만개에서 2011년엔 365만개로 감소한 반면에 50대 일자리는 186만개에서 508만개로 3배 이상 증가했다. 어찌 보면 세대갈등은 청년실업자 100만 시대에 대한 사회적 불만의 표출이라고 할 수 있다.

2030세대를 흥분시킨 또 하나의 원인은 박근혜 대통령 당선인의 기초노령연금에 관한 공약이다. 기초노령연금을 65세 전 노인에게 확대하며 지원금을 20만원으로 증가시키는 것과 재원의 70%를 정부와 지자체의 재정에서 충당하고 나머지 30%는 국민연금기금으로 충당하겠다는 것에 대해 2030세대가 상대적으로 손해를 많이 보게 되어 있다고 생각하며 분노하고 있는 것이다.

2030세대는 현실이 불만스러워 우파정권을 바꾸려했고, 5060세대는 국가의 정체성 위기를 걱정하며 몰려오는 불안감에 새누리당에 적극적으로 투표했다. 정부와 5060세대는 2030세대의 불만을 겸허히 수용하고, 국가와 민족의 번영을 위해 세대갈등을 봉합하는데 적극적으로 노력해야 한다. 이 나라의 미래를 짊어질 청소년의 바람직한 성장을 위하고, 세대갈등의 해소를 위해서는 박 근혜 대통령이 일자리 창출에 최선을 다하고, 기득권을 내려놓는 일에 주저하지 말아야한다. (2012. 12. 25.)

지역축제의 슬픈 자화상

매헌 윤봉길의사의 상해 의거일인 4월 29일에 맞춰 윤봉길의사께서 태어나시고 농촌계몽운동을 펼치셨던 고향마을에서 열리는 윤봉길문화축제에 다녀왔다. 여타지역축제와 별반 다름이 없는 먹자판 놀자판이었다.

잔뜩 기대를 걸고 매헌 음악축제도 지켜보았는데 곡목 선정도 그렇고, 사회자의 멘트에서도 윤봉길의사의 의거나 애국심을 고취하는 말이 한 마디도 없어 실망을 넘어 가슴에 이는 섭섭함을 지금도 지울 수가 없다. 상해 의거를 경축하고, 윤봉길의사의 애국심을 계승하는 화합의 장을 마련하려는 축제 본래의 의미가 전혀 보이지 않았다.

막대한 국민의 혈세로 치루는 행사에 공익성이 전혀 눈에 띄지 않았다는 것이 너무 서운하다. 10억의 중국인이 해내지 못한 일을 조선의 한 청년이 해냈다고 극찬한 중화민국 장개석 총통의 말씀을 빌리지 않더라도 윤봉길의사의 의거는 잠든 중국을 흔들어 깨웠고, 상해임시정부의 존재를 세상에 드러나게 한 실로 엄청난 사건이었다.

축제는 원래 예술적 요소가 포함된 제천의례에서 출발하고, 유희성을 가미한 공동체 화합의 장이다. 사서에 기록된 바와 같이 부여의 영고(迎鼓), 고구려의 동맹, 예(濊)의 무천(舞天)이 그러했다.

그러나 현재 우리나라의 축제는 관 주도적이고 행정 편의주의적인 축제로 성격이 변질되어 대부분 지자체의 정치적 의미가 실린 이벤트성 행사로 치러진다. 지자체가 주관하는 지역축제 수는 년 900개에서 1200개나 되며, 관광 상품화 전략으로 기획되어 축제의 성격이 왜곡되고 본질이 훼손된 것이 많다. 지역적 특성과 고유성이 사라져 지역축제간의 차이를 거의 느낄 수 없기 때문에 지역민의 자발적인 참여도 점점 줄어들고 있다. 종교성이 거의 상실되고 목적이 탈색된 유희성만 남았다고 해도 과언이 아니다. 산업화와 세속주의가 종교성을 박탈하고 세속화를 가속하여 축제(祝祭)에서 제는 사라지고 축만 남았다. 특히 기초단체에서 주관하는 지역축제는 상업주의적인 성격이 지나치게 강하며, 재정자립도가 30%도 안 되는 기초 자치단체조차 매년 평균 3-4개 이상의 축제를 벌이고 있다. 뚜렷한 주제의식이 없고, 무엇을 위한 것인가가 명확하지 않은 축제의 남발은 결국 지자체의 살림살이만 어렵게 만들고 있는 실정이다.

이제 축제의 본래 의미를 잊고 유명연예인을 초청하여 벌리는 겉만 화려한 축제라거나 이동상인의 배만 불리는 축제는 마땅히 취소되어야한다. 예산 낭비만 초래하는 축제를 더 이상 허락해서는 안 된다. 지역경제에 활력을 불어넣을 수 있고, 탄탄한 구성으로 외부인을 끌어들일 수 있도록 독창성을 갖추는 것이 바람직하다. 윤봉길문화축제나 이순신 문화제라면 그 영웅의 이름을 드높이고 그 영웅의 일대기를 바탕으로 한 역동적인 스토리가 있어야 관람객이 그들의 사상을 공유하고 숭고한 넋을 기릴 수 있다. 지역경제의 활성화가 목적이라면 지역의 특성과 차별성을 부각하고 이들을 승화시켜야 한다.

다양한 문화적 현상을 구체적으로 표현해주는 매개체가 될 때 지역축제의 발전가능성이 확대된다. 다양한 볼거리를 갖추고, 지역의 문화정체성을 정립한 특화된 프로그램에 멋을 가미한 문화산업의 가치를 극대화할 수 있도록 기획해야 성공할 수 있다. 축제가 주민화합의 장이 되어 관민의 소통을 돕고, 주민에게 지역에 대한 자긍심을 심어주는 축제가 아니라면 굳이 지자체가 나설 필요가 없다.

(2013. 5. 20.)

갑갑(甲甲)한 세상, 乙의 반격

기내식이 마음에 들지 않는다고 승무원을 폭행한 포스코 라면상무와 프라임베이커리 강회장의 파렴치한 甲질로 수면 아래에 있던 갑질이 속속 드러나 충격을 주고 있다. 남양분유 영업사원의 막말과 제품 밀어내기가 사회적 이슈가 되고 있던 차에 윤창중의 성추행사건이 터졌다, 영남제분 회장의 전 부인이 교사한 여대생 공기총 살해사건은 유전무죄의 전형을 보인 가장 추악한 갑질이다.

무기징역을 선고받은 회장부인, 윤 씨의 형 집행을 무력화시키기 위해 동원된 비리를 보면 정말 기가 질린다. 허위진단서를 발급해준 의사와 병원, 허위진단서를 근거로 형집행정지를 단행한 사법기관, 그리고 영남제분과 회장가족, 이런 상류층의 조직적 범행이 떳떳하게 자행되고 있는 천민자본주의가 대한민국의 위상을 철저하게 짓밟고 있다. 갑을갈등은 대기업과 중소기업만의 문제가 아니라 관과 기업, 사람과 사람, 심지어는 국가와 국가 간에도 엄연히 존재한다.

甲의 횡포는 제도개혁만으로는 해결될 수 없다. 우월적 지위를 이용하여 약자를 억압하는 불법적인 사례가 사회 전반에 관행처럼 자리 잡고 있기 때문에 을의 분노가 쉽게 가라앉을 것 같지 않다. 계약서에서 갑,을이라는 용어를 뺀다고 해결될 수 있는 문제가 아니다. 남양유업이 소비자불매운동을 무력화시킬 요량으로 사장이하 전 임원이 사죄하면서 대리점 자녀 장학금 지원제도 신설과 대리점 영업활동지원을 2배로 늘리고, 일 년에 500억 원 규모의 상생기금을 운영하겠다고 제안했으나, 이것은 문제의 본질을 정확히 깨닫지 못한 땜질 처방일 뿐이다. 사회적 책임을 사회적 공헌으로 적당히 얼버무리려는 꼼수에 지나지 않기 때문이다. 직원의 막말은 그저 우연하게 나온 것이 아니다. 그의 도덕적 결함이라기보다 밀어내기를 일상화한 영업정책의 과실(過失)이기에 선행으로 적당히 덮을 수 있는 사안이 결코 아니다.

갑을분쟁의 본질은 상생의 의지가 없는 이기심에 기인한다. 오로지 자신의 이익을 위해 상대방을 전혀 배려하지 않는 가치관의 오류이고, 예(禮)의 실종이다. 기업과 기업의 관계도 결국은 인간관계의 연속이다. 예의 바탕위에 상생의 정신이 깃든다면 갈등이 생길 수 없다.

不知禮 無以立也(부지례 무이립야, 예를 알지 못하면 성공하지 못한다.) 인간사 모든 행위의 근간이 예이고, 상행위라고 예외일 수는 없다. 그러므로 갑의 횡포와 갑을분쟁의 근본적인 해결도 예에 그 답이 있다. 아무리 좋은 제도라고 해도 그 제도의 성패는 결국 인간에게 달렸고, 그 열쇠는 남을 배려하는 것에 있기 때문이다.

知禮의 기본은 배려이다. 지위 고하를 막론하고 자신의 분수를 알지 못하고 날 뛰는 것이야 말로 무례의 극치이다. 위정자는 항상 국민의 소리에 귀 기울여야 하며, 민심을 읽지 못하거나 민심을 외면하고 국민위에 군림하려는 정치나 기업은 절대로 장수하지 못한다. 전경련은 항상 우리나라의 반 기업정서에 불만이지만 우리나라 재벌의 행동을 보면 존경할 점이 하나도 없다. 재산의 80%를 자선단체에 기부하고 정작 자신은 30년 동안 50십만 달러짜리 주택에 살고 있는 워렌 버핏이나 10년간 300억 달러를 기부한 빌 게이츠와 한국의 재벌을 비교해 보면 실망을 넘어 저주스럽기까지 한다. 천문학적인 재산을 모아 거드름을 피우고 있지만, 자금 횡령을 상시로 범하고, 비자금을 조성하여 정치판을 흔들며, 상속을 위해 탈법을 일삼는 그들을 누가 존경하겠는가?

아무리 거대한 부를 소유했다고 해도 부의 사회적 분배에 인색해서는 절대로 존경받지 못한다. 그리고 약자를 배려하지 않는 강자는 언젠가는 망한다. 예를 숭상하는 우리 민족의 정체성 회복이 갑을 갈등의 유일한 해답이다. (2013. 5. 25.)

되살아난 민주주의 열정

한국의 대학생들이 오랜만에 민주주의 열정에 빠졌다. 보수 세력이 주도한 교육정책으로 역사의식을 잃어버리고 오로지 스펙 쌓기에 전념하던 우리의 젊은이들이 선배들의 피와 땀으로 쟁취하여 물려준 민주적 가치를 지키는 일에 비로소 관심을 보이기 시작했다.

서울대 총학생회가 기자회견을 열고 국정원선거개입에 대한 철저한 수사와 관련자 처벌을 촉구하고, 피의자에 대한 '솜방망이'기소를 규탄하는 성명을 발표했다. 또한 국정원이 학생들의 반값등록금 요구를 종북 좌파의 파상공세로 치부하고 이를 차단하라는 내용의 문서를 작성해 보수 세력과 보수언론으로부터 공격을 받았고 명예를 훼손당했다며 국정원을 고소, 고발할 것임을 밝혔다. 이에 뒤질세라 이화여대를 비롯한 50여개 대학생총학생회가 국정원선거개입과 검경의 축소수사를 규탄하는 시국선언에 동참하고, 천주교 정의구현사제단을 위시한 천주교 9개 단체와 재야단체가 동조하고 나섰다.

출범한 지 일 년도 안 된 상황에서 박 근혜 정부가 중대한 위기에 직면했다. 서울대 총학생회가 촉발한 시국선언은 이제 국정원선거개입규탄 촛불집회로 확산되고 있으며, 그 칼끝이 박 근혜 정부를 향하고 있다. 한대련(한국대학생총연합)은 "권력의 하수인으로 전락해 국기문란 행위를 벌리고, 헌정질서를 파괴하는 국정원은 더 이상 대한민국에서 존재할 가치가 없다."고 선언하고, 박 근혜 대통령과 새누리당을 향해서 "국정원 선거개입에 대한 입장을 표명하고 책임져야 한다. 미국의 워터게이트 사건으로 닉슨 대통령이 탄핵직전에 사임했던 사실을 기억해야 한다."고 일갈했다.

자유총연맹을 비롯한 수구세력의 반발도 만만치 않다. 노무현 전 대통령과 김정일 국방위원장의 남북정상회담 기록문서의 공개를 요구하는 등 반공을 등에 업은 움직임이 속속 감지되고 있다. 민주당 신 경민 국정원선거개입 진상조사특별위원장이 지적했듯이 갑자기 정부 여당이 NLL사건을 들고 나오는 것은 국정원 선거개입사건을 물타기 하고, 국면을 전환하기 위한 꼼수가 분명하다. 일베의 지원도 참 가관이다. 그야말로 악랄함과 야비함의 표본이다. 인간이 어떻게 이렇게까지 타락할 수 있을까? 서울대 총학생회가 규탄성명을 발표하자 일베가 게시판에 서울대 총학생회 간부들의 명단과 사진, SNS 주소를 올리며 신상 털기에 나섰다. 시국선언 성명을 철회할 때까지 랜덤으로 골라서 하루에 3개씩 얼굴을 뿌리겠다고 말한다. 참으로 어이가 없다. 인간들이 망가져도 너무 망가졌다. 검찰수사에서 일부가 사실로 드러난 것처럼 권력의 주구로 전락한 국정원의 범죄행위를 규탄하는데 어떻게 저런 망발을 자행할 수 있는가?

진리와 정의를 사수하기 위한 서울대 총학생회와 우리 젊은이들의 민주주의 열정에 불편함을 느끼는 사람들이 많다는 것에 실소를 금할 수가 없다. 유대인에 비친 예수가 율법을 파괴하는 이단아였던 것처럼 민주 열정에 빠진 우리 젊은이들도 보수 세력에겐 타도의 대상인 종북 좌파이다. 하느님에 대한 사랑과 믿음, 정의에 대한 갈망으로 공생을 유지한 예수도 그 열정에 불편함을 느낀 유대인에 의해 범죄자가 되셨다. 유일신 신앙과 선민의식에 매몰되어 예수의 보편적 사랑에 불편함을 느낀 유대인은 예수의 처형을 원하지 않던 빌라도를 꺾고 예수를 십자가로 내몰았다. 진리와 사랑에 대한 열정으로 요약할 수 있는 예수의 공생활이 결국 십자가로 마무리된다는 사실은 우리에게 많은 것을 시사한다. 그 끝이 뻔히 보이는 진리와 정의에 대한 열정의 삶을 우리 대학생들이 어디까지 지켜낼 수 있을까? 나에게도 그 불편한 열정이라는 것이 존재하고 있는가? 예수의 도움을 간절히 빈다. (2013. 6. 23.)

생각을 바꿔야 미래가 보인다

20세기 대공황에 비견될 만큼 세계경제가 침체에 빠졌다. 중국의 경제성장률이 5개월 전보다 더 떨어져 7.8%이고, 미국의 5월 제조업지수도 4년 만에 최저치를 기록했다. 무디스가 2013년 한국의 경제성장률 전망치를 잠재성장률에 훨씬 못 미치는 2.5%로 하향조정했고, 한반도의 지정학적 위험이 세계경제의 악제라고 부언했다. 미래가 불확실할수록 소비가 더 둔화되는 것이므로 경제성장률은 예상보다 더 나빠질 수도 있다.

그러나 생각을 바꾸면 미래가 보인다. 수출업체에 주는 각종 인센티브를 줄이고 내수시장을 활성화시킬 방안을 강구해야 희망이 있다. 현재의 경제구조에서는 우리가 아무리 잘한다고 해도 경기가 살아날 가능성이 극히 희박하다. 2006년 76.8%이던 한국의 무역의존도가 점점 상승하여 현재 90%를 상회한다. 대외의존도를 낮추지 않으면 내부 경제상황에 관계없이 한국경제는 하루아침에 파탄날 수가 있다. 미국과 일본이 약속이나 한 듯 모두 양적완화정책을 쓰고 있지만, 그 끝이 그리 낙관적인 것이 아니라 그나마 다행이다. 모든 정책은 동전의 양면과 같아서 꼭 좋은 결과가 나올 것이란 보장이 없다. 상황은 수시로 변하고 꼼수로는 절대로 정수를 이길 수 없기 때문에 미일의 자해적인 금융정책에 너무 신경을 곤두세울 필요는 없다. 우리의 체질을 개선하면 모두 쉽게 극복할 수 있다.

기업의 자생력을 키우는 정책이 필요하다. 역대정권이 모두 기업 돕기에 혈안이었고, 서민의 삶은 안중에도 없었다. 기업이 잘 나가야 국가경제가 좋아진다는 단순논리에 매몰돼 규제를 완화하고 퍼주기에 급급해서 기업이 스스로 일어서기에는 힘이 부칠 것 같다. 국민의 심각한 공분을 사고 있는 한전순환단전계획을 보더라도 정부가 너무 기업을 감쌌다. 기업에게는 발전원가에도 못 미치는 가격으로 공급하고 국민에겐 기본 전기료도 턱없이 높을 뿐만 아니라 살인적인 누진제를 적용하고서 막상 예비전력이 위험수위에 이르니 강제단전 1순위가 아파트와 주택이라고 한다. 남호기 전력거래소 이사장은 공장은 영향이 크기 때문에 혼란이 적은 가정용부터 끊게 되는 것이 매뉴얼이라고 둘러댄다. 사고는 정부와 한전이 치고 피해는 국민이 보라는 것이 아닌가?

이번 기회에 전기요금 체계를 바로 잡고, 요금도 현실화할 필요가 있다. 산업체 요금도 가정용전기요금과 똑같은 규정을 적용하는, 기업보다 국민을 우선하는 방향으로 정책을 손질하였으면 좋겠다. 중소기업의 부담을 덜어주겠다는 취지로 80년대에 비해 턱없이 완화된 기술자격증 소지자 의무고용도 예전으로 돌아가야 한다. 기술자격증 소지자 의무고용 완화는 의료비를 낮추기 위해 무자격 의사의 진료를 허용하는 것과 다를 것이 없다. 상대적으로 높은 기술자격을 갖춘 청년의 채용을 의무화하여 청년일자리를 늘리고, 삼포세대를 감소시키는 정책을 추진하는 것이 바람직하다.

국가의 미래를 보다 확실히 확보하기 위해서는 대기업을 비롯한 재벌기업에게 더 엄격한 법을 적용해야한다. 그래야 그들이 스스로 일어선다. 그럴 일은 절대로 없겠지만 삼성이 망하면 대한민국도 망한다. 삼성은 우리나라 주식 시가총액의 25%를 차지한다. 미국을 비롯한 선진국은 시가총액의 4%를 넘는 기업이 없다. 일본의 선도 기업 도요타자동차도 3.9%에 불과하다. 우리나라 경제가 몰락하지 않기 위해서라도 삼성을 더 철저히 감시하고 감독해야한다. 조그만 실수라도 용서하지 말고 다그쳐 삼성이 스스로 완벽해질 수 있도록 관리하지 않으면 안 된다. 금번 불산 누출사건수사처럼 흐지부지 수사하는 것은 삼성을 돕는 것이 아니다. 무분별한 사업 확장을 막고 시장독점을 방지하기 위해서 출자총액제한제도를 부활하고 강화하여 스스로 자정할 수 있도록 적극적으로 관리해야한다. 그렇지 않으면 우리에겐 희망이 없다. (2013. 6. 23.)

성폭행과 인권

성폭행의 발생빈도가 증가하면서 성폭행범의 엄벌주의가 크게 공감대를 형성하고 있다. 특히 어린이 성폭행범의 경우엔 무기징역 이상을 구형하여 영구적으로 사회와 격리시켜야한다는 여론이 지배적이다.

이런 격양된 사회적 분위기와 다르게 정치권은 비교적 조용하다. 2012년 8월 5일 새누리당 박 인숙 의원이 물리적 거세법안을 발의하였으나 인권논리에 갇혀 아직까지 빛을 보지 못하고 있다. 사형을 시켜도 부족한 죄인에게 굳이 비용이 많이 들고 일시적 효과뿐인 화학적 거세를 시행할 필요가 있는지, 묻고 싶다. 물리적 거세는 간편할 뿐만 아니라 재발 가능성이 없고, 시술비용도 저렴해서 어린이 성폭행범에게 적용하기에는 안성맞춤인 형벌이다. 한 번의 범죄로 영원히 성 불구자를 만드는 것은 인권을 침해하는 것이라는 반론에 대해 물리적 거세 법안을 발의한 박 인숙 의원이 "가해자는 고환 하나 없이 살지만 피해자는 대장과 항문 ,모든 성기가 다 없이 살아야 한다. 고환 없이 사는 것이 모든 성기가 없고 대장, 소장, 항문, 질도 없이 사는 것과 어떻게 비교가 되는가?"라고 힐난했다.

물리적 거세 법안 발의에 박수를 보낸다. 성폭행피해어린이는 평생을 대장, 항문, 질이 없이 살아야할 뿐만 아니라, 모두 뇌손상을 입어 장기적인 후유증이 남는 정신병에 시달린다. 그러므로 "물리적 거세를 하기 위해서는 범죄자의 동의를 받아야 하고 교화나 재활이 불가능하다는 전문가의 판정이 있어야 한다."는 법조문은 인권을 떠나 과도하게 아동성폭행범을 보호하는 법이다. 이는 아동성폭행방지법이 아니라 아동성폭행범 보호법이라고 말하지 않을 수 없다.

대한민국은 지나치게 피의자의 인권을 존중한다. 현장검증에서 검은 모자를 눌러 쓰고 검은 마스크로 얼굴을 가려 범인의 신분노출을 철저히 차단하는 것은 절대로 바람직하지 않다. 도대체 어린이 성폭행범에게 지켜줄 인권이 어디 있는가? 신상을 모두 공개하고, 누구나, 어디에서나 성범죄자의 전력을 알 수 있도록 조치하는 것이 타당하다. 아동성폭행범패 착용을 의무화하거나 중세유럽처럼 이마에 아동성폭행범이라는 불도장을 찍어도 좋고, 형벌도 살인죄 이상의 중형을 내릴 수 있도록 형법을 개정해야한다. 물론 성폭행범의 형벌을 상향 조정하는 것만으로 성범죄가 감소하리라고는 생각하지 않는다. 아무리 양형을 올려도 성도착증환자는 성범죄의 유혹을 쉽게 피할 수 없고, 야동의 범람과 음주를 권하는 사회, 은둔형 외톨이가 증가하는 사회이기 때문에 성범죄의 증가는 어쩌면 필연적 것일 수도 있다.

한국에서 어린이 성폭행범죄가 빈번하게 발생하는 것과 재범률이 높은 것은 성폭행예방교육과 성범죄전력자 관리가 허술하기 때문이다. 어린이 성폭행범의 70%가 면식범이며 이웃에 거주하는 사람인데도 대한민국은 성폭행예방교육이 미흡하여 어린이가 쉽게 성범죄자의 유혹에 넘어간다. 성폭행범의 대부분은 가까운 이웃에 살며 친근하게 접근한다는 것을 교육하지 않는 것이 문제이다, 남자 어른이 길을 가르쳐달라고 하거나 강아지를 잃어버렸는데 같이 찾아보자는 등, 선행을 미끼로 한 유인책을 단호하게 거절하도록 가르치지 않아서 대한민국의 어린이는 도덕적 양심을 자극하며 접근하는 성폭행범의 유혹에 쉽게 넘어간다. 하지만 어른은 어린이가 도와줘야할 대상이 아니라고 가르치는 미국에서는 이런 경우를 접하면 곧 바로 부모에게 연락하여 범행을 원천적으로 차단한다.

어린이 성범죄가 급증하고 있는 사회에서는 미국과 같이 신원이 확실한 이웃이라도 남자의 접근을 차단하고, 경계하도록 교육하는 것이 좋다. 국가와 사회단체가 협심하여 성폭행범에 대한 신원을 공개하고, 인권 플레임에 갇힌 미온적인 성폭행범 처벌에 관한 법률을 보다 더 강화하여 아동성폭행 같은 반인륜적인 사건이 다시는 발생하지 않도록 최선을 다했으면 좋겠다. (2013. 8. 21.)

국가의 미래를 위한 교육이 참교육이다

교과서 논란을 야기한 교학사 역사 교과서의 채택률이 제로이어서 정말 다행이다. 행여 몇몇 학교에서라도 채택하는 불상사가 일어나지 않을까 얼마나 노심초사했는지 모른다. 역사는 혼과 같은 것인데 국가의 미래가 달려있는 청소년의 역사교육을 독재를 정당화하고, 일제강점기를 미화하는 허점투성이 교과서로 교육하겠다는 발상이 참으로 어처구니가 없기 때문이다.

그러나 정부는 여전히 교과서 철회에 외압이 있었다고 으름장을 놓으며 이를 빌미로 국정교과서 체제로 전환하려고 한다. 국정감사에서 서 남수 교육부 장관이 "교과서 검정과 관련해 많은 문제가 드러나 국정체제로 가야한다는 의견이 나오는 것도 자연스럽다"라고 말한 것은 교학사 교과서의 채택률이 낮기 때문에 국정교과서체제를 선택하려는 것임을 뜻하는 발언이며, 국정교과서체제로 가겠다는 의도를 명백히 드러낸 것이다. 민의를 역행하는 반민주적인 폭거가 아닐 수 없다. 검정체제를 문제 삼아 국정체제로 돌아가자고 하는 것은 문제를 일으킨 쪽에서 문제가 많으니 과거로 돌아가자는 것과 같다.

오류와 왜곡 투성이 교과서를 검정 통과시키고, 오류와 왜곡이 드러나자 수정, 보완으로 사실상 재 검정 기회를 부여한 교육부의 잘못이지 검정제도에 문제가 있었던 것은 아니지 않는가?

정부와 새누리당은 날이 갈수록 국정교과서 체제로의 전환을 노골화하고 있다. 한국사가 수능 필수과목이 된 만큼 통일된 교과서로 교육해야한다고 하고, 역사교과서 논란도 끝낼 필요가 있다는 논리를 내세우지만 속이 훤히 보이는 꼼수이다. 새누리당 염동열 의원은 JTBC 뉴스 손 석희 앵커의 인터뷰에서 "선진국 가운데 이렇게 국정교과서로 가는 경우가 없다."는 손 석희 앵커의 말에 "그렇게 보지 않는다. 러시아, 베트남, 필리핀, 북한이 국정교과서를 쓰고 있다."고 대답했다. 참으로 기막힌 말이다. 이들 국가는 필리핀만 빼고 모두 공산국가이다. 명백히 국가보안법상 "반국가단체 찬양, 고무 죄"에 해당하는 망언이 아닌가?

정부와 새누리당의 핵심인사들이 아예 드러내놓고 유신시절의 국정교과서 체제로 돌아가야 한다고 분위기를 띄우는 것은 스스로 친일파와 유신잔당임을 드러내는 일이다. 국정교과서 체제로 전환되면 정권이 바뀔 때마다 교과서가 바뀔 것이다. 역사교육연구소 김 육훈 박사의 지적처럼 국정교과서 체제는 역사교육의 틀에서부터 개별 사실에 이르기까지 정부의 뜻이 강하게 투영될 가능성이 크다. 세계의 대부분 국가들이 검인정 교과서를 채택하고 있고, 미국, 영국, 프랑스, 독일은 검인정체제를 넘어 자유발행제를 채택하고 있다. 우리나라도 해방이후에는 검정체제를 유지하다가, 박정희 정권이 1974년 주체적 민족사관 확립을 이유로 국정체제로 전환하였다. 권위주의정권을 정당화하고 획일적인 역사의식을 주입하기 위한 술책이었다.

민주주의를 말하면서 정권의 시각에 따라 기록한 국정교과서로 가르친다는 것은 국가의 또 다른 폭력이다. 2007년 노무현정부에서 정형화와 획일화를 해소하고 창의성과 자기 주도성을 높이기 위해 검인정체제로 전환한 것을 다시 번복하는 것은 유신체제로의 회귀를 의미한다. 교육과정정책국은 편수국에서 이름만 바꾼 것으로 교육과정과 교과서 검정을 관여할 우려가 크다. 그러므로 백번을 양보해도 퇴행적 방식의 개편논의는 바람직하지 않다. 정부는 백년지대계인 교육을 훼손하려는 망동을 당장 중단하라! (2014. 1. 18.)

국민은 노블레스 오블리제를 원한다

살아있는 성자로 추앙받던 "TV 33"의 피터 멀로리 사장에게 트룹 카운티 최고법원이 아동음란물을 내려 받은 혐의 등으로 징역 1천년을 선고했다. 압수수색 과정에서 하드 드라이브를 폐기하려다 발각돼 수사 방해와 증거인멸 혐의가 추가됐으며, 몰래카메라로 여직원의 치마 속을 촬영한 혐의도 추가하였다. 대한민국의 법치에서 보면 도저히 믿을 수 없는, 불가사이한 판결이라고 하지 않을 수 없다. 어린이나 친딸을 성폭행한 흉악범에게도 고작 십수 년의 징역형을 선고하고, 제수 성추행 혐의로 고발된 자가 버젓이 국회의원을 하고 있는 우리나라와는 법의 잣대가 달라도 너무 다르다.

우리나라에서 저런 사건이 발생했다면 어떻게 됐을까? 잘못된 인권논리에 묶여 아동성폭행범에게 물리적 거세는커녕 화학적 거세도 하지 못하는 우리나라의 사법현실을 볼 때 징역형이 아니라 기소조차 안 했을지 모른다. 성 상납강요에 대한 고통을 이기지 못해 자살한 고 장 자연 사건에 연루된 사람들이 복역했다는 소리를 나는 듣지 못했다.

그렇다면 미국에서는 왜 이런 일이 발생했을까? 성범죄에 대해 가혹한 처벌을 원하는 국민의 법 감정 때문일까? 절대로 그렇지 않다. 저런 범죄를 일반 시민이나 폭력배가 범했다면 미국에서도 저렇게 무시무시한 엄벌주의가 적용되진 않았을 것이다. 범죄자의 사회적 지명도가 양형에 영향을 미쳤을 것이라고 생각한다. 우리나라에서는 무전유죄, 유전무죄이고, 권력과 지명도가 있는 기득권 세력에게는 법이 약하지만 미국을 비롯한 서방 선진국에서는 사회지도층의 범행이 오히려 엄벌의 대상이 된다. 역 노블레스 오블리제인 셈이다. 특권을 누리는 사람에게는 그 만큼 더 강한 도덕성이 요구되기 때문에 특권층의 범죄에 대해서는 더 가혹할 수밖에 없다. 이런 법치가 존재하기 때문에 미국의 정치가 안정되고 그 힘을 바탕으로 세계를 지배할 수 있는 것이다.

우리나라에 눈을 돌리면 너무 부끄럽고 속상하다. 멀리 가지 않아도 작금에 벌어지고 있는 고위공직 후보자의 청문회를 보고 있으면 울화통이 터진다. 병역면제, 위장취업, 투기, 탈세 등, 하나같이 비리 백화점이다. 자진 사퇴한 이 동흡 헌법재판소장 후보자와 김 용준 국무총리 후보자의 비리를 보면서 실망하지 않은 국민이 없었을 것이다. 김 용준 후보자처럼 빨리 사퇴한 사람은 그래도 낫다. 새누리당의 심 재철 최고위원까지 "이제 그만 용퇴하시길 바란다."고 말한 김 병관 국방부장관 후보자는 "부정을 저지른 것은 아니기 때문에 당당하다."며 사퇴할 뜻이 없음을 내비쳤다. 그러나 무기중개업체 고문 경력과 천안함 사태가 발발한 국가 비상시국에서 골프를 즐긴 예비역 장성에게 어떻게 국방부장관을 맡길 수 있는가? 황 교안 법무부장관 후보자도 검찰 퇴임 후 태평양 법무법인에 17개월 간 근무하면서 16억 원의 보수를 받았는데 이것을 어떻게 정상적인 보수로 인정할 수 있는가? 전관예우 같은 부정이 개입하지 않고는 도저히 불가능한 수입이다. 또, 일부 잘못을 시인했지만 윤 병세 외교부장관 후보자의 딸이 이화여대 재학 중 2008년에서 2010년 까지 가계 곤란 장학금을 5회 수령한 것은 파렴치범 수준이라고 말하지 않을 수 없다.

과연 이들에게 노블레스 오블리제가 있는가? 영국 왕세자가 아르헨티나와의 전쟁에 전투기 조종사로 직접 참전한 것과 비교하면 수준이 차이가 나도 너무 심하게 난다. 고위공직자가 특권을 누리려면 그 권리에 버금가는 의무를 다하고 도덕적으로 완벽해야 한다. 그렇지 못하면서 그 자리를 넘보는 것은 죄악이다.

사직당국은 피터 멀로리 사장에게 적용된 법리를 준용해 사퇴 여부에 관계없이 이들의 혐의점을 철저하게 수사하여 범죄사실이 입증되면 처벌해야 마땅하다. 역 노블레스 오블리제의 법리를 적용하여 보다 강력하게 치죄할 필요가 있다. 그래야 미래의 권력이 청렴결백해진다. 비단 정치계뿐만 아니라 경제, 문화, 언론, 학계도 마찬가지다. 미국의 기업인처럼 부의 세습을 위해 편법과 불법을 자행하지 않아야 존경받는다. 언론계나 학계도 자신이 가진 능력을 사회에 공헌하는 노블레스 오블리제를 실천하는 사람이 아니라면 고위공직자로 추대되어서는 안 된다. 여론을 무서워하고, 충심으로 국민을 섬기는 공직자가 출현하기를 진심으로 소망한다. (2014. 3. 2.)

남북한 상생의 길

특권과 반칙이 지배하는 사회는 민주국가가 아니다. 어느 특정 세력에 의해 국가의 정책이 좌우되고 1% 특권층의 이익을 위해 99%의 국민이 희생하는 나라, 부도덕한 기회주의자가 승리하는 국가를 올바른 자본주의국가라고 할 수는 없다.

노무현 정부는 이런 반민주적인, 반칙과 특권의 횡포를 구축(驅逐)하기위해 최선을 다했지만 기득권 세력의 반격에 뜻을 이루지 못하고 허무하게 무너졌다. 반대세력의 실체와 그들의 힘을 간과하고 정책의 정당성만 믿고 추진하기엔 보수, 친일세력의 공격이 너무 완강했기 때문이다. 노무현 전 대통령 개인의 패배라기보다 노무현을 추대하고 지원한 진보세력의 패배였고, 그 결과가 이명박 정권을 비롯한 새누리당이 집권하는 자산이 되었다.

이명박 정권의 실정은 듣는 것만으로도 참담하다. 수십조 원을 들인 4대강은 녹조로 뒤덮이고, 부도임을 알고도 멕시코 동광개발사업에 1조 5000억 원을 쏟아 부었다. 이런 저런 꼼수로 국가경제의 위기를 숨기려 하고 있지만, 그것의 폐해가 하나 둘 불거지면서 이제 서민들도 국가경제가 위기에 봉착했음을 깨닫게 되었다. OECD가 한국의 가계부채와 기업부채가 재정위기에 처한 PIGS(포르투갈, 이탈리아, 그리스, 스페인)보다 높아 대책이 시급하다고 경고할 지경이다.

이명박 정부의 실패는 도덕성 결여가 가장 큰 원인이다. 꼼수를 부리는 각종 경제지표뿐만 아니라 임기 막바지에 접어들면서 측근비리가 봇물 터지듯 터졌고, 급기야 이명박 전 대통령이 직접 대국민사과를 하는 지경에 이르렀다. "도덕적으로 완벽한 정권"이라는 MB의 말에 야권과 시민 단체가 "도둑적으로 완벽한 정권"이라고 비아냥거렸다. BBK 사건은 차치하고 내곡동 사저 구입사건만 봐도 대통령의 가족이 할 짓은 결코 아니다.

MB정부의 추락은 이미 예견된 것이었다. 선거 벽두에 알려진 도덕성 문제를 외면하고 뜬구름 같은 747공약에 홀려 이명박에게 표를 몰아준 서울시민의 경제제일주의가 오늘의 참담한 결과를 불러왔다고 해도 전혀 지나치지 않다. 747정책은 처음부터 실현이 불가능한 정책이었음은 물론 서민의 삶과는 거리가 너무 먼 꼼수였다. 설사, 7% 경제성장률, 국민소득 4만 불, 세계7대 강국을 달성했다고 하더라도 보다시피 재벌 퍼주기 정책의 결과라면 안 봐도 뻔하다. 성공했다고 해도 서민의 삶은 오히려 더 힘겨울 것이다.

MB정부는 사사건건 참여정부의 정책을 뒤집어엎었다. 복지를 줄이고 부자감세를 감행했으며 민주정부 10년간 지속적으로 발전한 남북화해 무드를 하루아침에 거덜 나게 했다. 박 왕자 사건을 빌미로 남북한의 모든 소통이 중단되고 날이 갈수록 남북관계가 악화되었다. 박 근혜 정부에서도 달라진 게 별로 없다. 통일대박을 운운하며 매달리는 척하지만 남북관계엔 여전히 찬바람이 쌩쌩 분다.

그러나 우리 민족의 멸망을 초래할 남북전쟁은 무슨 일이 있어도 막아야한다. 그러므로 남북한 전쟁의 도화선이 될 NLL의 해법이 무엇보다 중요하고, 그런 점에서 노무현 전 대통령의 대북정책이 돋보인다. 일부 극우집단은 NLL을 국경선으로 보며 한 치의 양보도 허락하지 않으려고 하지만, NLL은 1953년 8월 정전협정 체결 당시 남북한 간 우발적 월경에 따른 무력 충돌을 막기 위해 공산군과 유엔군 사령관이 합의하여 설정한 휴전선이다.

노무현 전 대통령과 김정일 국방위원장이 정상회담에서 합의한 "서해안 공동개발"은 남북전쟁발발을 원천적으로 차단할 수 있는 참으로 획기적인 정책이다. 필자는 노무현 전 대통령 업적 중 가장 훌륭한 것이라고 생각한다. 우리 민족의 공멸을 막을 수 있는 좋은 정책을 추진하지 않는 우파정권이 너무 어리석고 얄밉다. 남북화해정책은 민족을 살리고, 통일대박을 이룰 수 있는 가장 바람직한 길이기 때문이다. (2014. 8. 17.)

부패정치의 책임은 모두 국민에게 있다.

19대 국회가 일은 안 하고 특권만 챙기려한다는 비아냥거림이 봇물을 이룬다. 시민단체와 수구세력을 가릴 것 없이 모든 국민이 국회에 등을 돌리고, 심지어는 개헌을 해서라도 대통령에게 국회 해산권을 부여하고, 국회의원 불체포특권을 폐지해야한다고 아우성이다. 송광호 새누리당 의원 체포동의안을 부결시켜 국민의 분노가 절정에 이른 상태에서 추석 Bonus로 3,878,400원을 챙겼다는 소식이 전해지자 국회의원에 대한 증오감이 증폭되었다. 그래서 20대 국회의원 선거에서는 19대 국회의원은 단 한 사람도 당선시켜서는 안 된다는 극언까지도 서슴지 않는다.

19대 국회는 세월호 특별법에 발이 묶여 옴짝달싹도 못하고 있다. 정기국회가 열렸지만 아직 의사일정조차 협의하지 못하는 사실상 개점휴업상태이다. 청와대의 눈치를 보며 수사권과 기소권을 절대로 내줄 수 없다고 고집하는 새누리당과 세월호 유족의 뜻에 따라 진상규명에 목을 매고 수사권과 기소권이 보장된 특별법 제정을 염원하는 새정치민주연합의 주장이 엇갈려 정치판이 한 치 앞을 내다

볼 수가 없는 안개속이다.

이런 와중에서 송 광호 의원의 체포동의안이 부결처리 되었다. 기가 막히고 웃음이 절로 나온다. 뻔뻔스럽기 짝이 없는 국회의원의 민낯이 여실히 드러났다. 223명의 의원이 참여한 무기명 투표에서 반대표가 118명, 찬성이 73명, 무효표가 32명이라니, 이 무슨 우스개인가? 제 식구를 감싸기 위한 새누리당의 작태는 그렇다고 치더라도, 새정치민주연합도 체포 동의안을 부결시킨 책임에서 자유스러울 수가 없다. 진정으로 정의를 지키고 체포 동의안 찬성을 바랐다면 소속의원 전원이 참여하여 찬성표를 던졌어야 할 게 아닌가? 국회의원 불체포특권은 비리의원을 감싸기 위한 법이 아니다. 그리고 19대 대선기간 내내 국회의원 특권 내려놓기가 대표적인 이슈였고, 한동안 불체포특권 포기를 언급하기도 했었다.

그러나 국회가 이런 파렴치한 일을 저질러 놓고도 누구하나 책임지는 사람이 없고 사죄하는 사람도 없다. "죄송하게 생각하고 그 비난을 달게 받겠다."는 김무성 새누리당 대표의 사과발언엔 진심이 담겨 있지 않다. "내가 당론투표를 강제해 무조건 체포동의안을 처리하라고 할 수도 없는 것 아니냐?"라는 말을 덧붙여 오히려 국민을 더 분노케 했다. 너무나 무책임한 항변이다. 체포동의안 부결의 책임을 지고 대표직에서 물러나겠다고 했다면 진정한 사과로 받아들일 수 있지만 이는 책임회피이지 공당 대표가 취할 태도가 아니다.

가슴에 손을 얹고 가만히 생각해보니 모든 책임이 우리에게 있다. 그들의 잘못이라기보다 이런 철면피한 사람들을 선택한 국민의 죄가 더 크다고 하지 아니할 수 없다. 정의나 도덕성 검토를 제대로 하지 않고, 지역이기주의에 빠졌거나, 학연, 지연, 혈연에 엮여 그들을 당선시킨 우리 국민의 죄다. 문제아는 문제의 부모가 만드는 것처럼 문제의 정치가도 문제의 국민이 만든다.

그러므로 국민이 변해야 정치판이 정화된다. 연고주의에서 벗어나는 것이 가장 시급하다. 지금까지의 관행을 되풀이 하면 결코 정치권은 변하지 않는다. 무엇을 하든 연을 맺으면 다시 얻을 수 있다고 믿기 때문에 그들은 쉽게 정의와 도덕을 내팽개친다. 국민이 거듭나지 않으면 절대로 정치를 쇄신할 수 없다. (2014. 9. 13.)

표현의 자유는 인권의 기본

시계를 거꾸로 돌리려고 작심한 것인가? 도대체 이 무슨 추태인가? 표현의 자유와 집회, 결사의 자유를 억압하기 위한 박 근혜 정부의 공권력남용이 도를 넘었다.

새정연 정청래 의원이 경찰청으로부터 제출받은 자료에 따르면 지난 5월 17일부터 8월 3일 사이에 열린 세월호 관련 집회에 투입한 경찰이 시위자 0.57명당 한 명꼴로 2008년 광우병 촛불시위 때보다 무려 8배 가까이 증가했다. 경찰이 진보단체가 주최한 집회만 채증했으며, 집회참가자를 많이 검거한 경찰관을 포상한 사실까지 드러나 국민의 공분을 사고 있다. 검찰도 서울중앙지검에 사이버전담수사팀을 설치, 운영하여 실시간 모니터링을 통해 허위사실 유포사범을 상시 적발하고, 고소 고발 전이라도 수사를 개시하겠다고 밝혔다. 엎친 데 덮친 격으로 다음카카오가 대화내용을 저장해 놓았다가 수사기관에 제공한 사실을 시인해 카카오 톡에 대한 신뢰도가 급격하게 추락하고 있다.

사이버검열에 분노한 사람들이 대화내용이 암호화 돼 서버에 저장되기 때문에 보안에 안전하다고 알려진 독일 메신저 "텔레그램"으로 서둘러 사이버망명을 떠나고 있다. 카카오 톡이 메시지 저장기간을 2—3일로 축소하고, 프라이버시 모드를 도입하겠다고 뒤늦게 진화에 나섰지만 이용자의 분노를 잠재우기에는 턱없이 부족했다. 그나마 위기를 느낀 다음카카오 이 석우 공동대표가 검찰의 감청영장에 응하지 않겠다고 강력하게 치고나감으로 잠시 분노를 누그러뜨리고 사이버망명을 고민하게 만들고 있지만, 검찰과 맞장을 뜨고 있는 형국일 뿐이라 결국은 원위치하고 말 것이라는 생각이 든다. 텔레그램도 한국인 가입자가 급증하자 전광석화처럼 한글버전을 출시해 다음카카오를 압박하고 있다.

설상가상으로 지난 5일 해운대의 한 음식점에서 이 용관 부산영화제 집행위원장이 문화부로부터 "다이빙 벨을 상연할 경우 국가지원을 중단하겠다."는 연락을 받았다고 울분을 토했다. 불난 집에 기름을 끼얹은 상황이 된 것이다. 공연제한은 사이버검열 못지않게 명백히 표현의 자유를 짓밟는 반인권적 처사이기 때문이다. 너무나 참담하고 무섭다.

이 정도면 사이버망명이 아니라 정치적 망명을 심각하게 고민해야 할 것도 같다. 이렇게 유신독재시대로 돌아가겠다고 한다면 망명을 떠나든, 목숨을 내놓고 민주화투쟁을 벌리든, 양단간에 하나를 선택하여 조속히 결행해야겠다. 사상과 표현의 자유는 1948년 12월 10일 유엔이 선택한 "세계인권선언"에서 보편타당한 인권으로 규정했고, 대한민국헌법에도 제19조, 제20조, 제21조에 양심, 종교, 표현의 자유에 대한 규정이 있다. 더구나 검열은 국가가 사전에 표현을 제한하는 행위이기 때문에 명백한 위헌이다. 국회입법조사처의 검토결과 법률적으로도 많은 문제가 있다고 지적된 만큼 무리한 사이버 검열은 즉시 중단해야 옳다.

도대체 누가, 무엇 때문에 이런 무리수를 둬 세계인의 조롱거리가 되고 있는가? 지금은 유신시대와 같이 쉽게 인권을 유린할 수 있는 시대가 아니다. 아무리 숨기려 해도 다 보고, 다 듣는다. 이제 세계인이 한 울타리 안에서 산다고 해도 과언이 아니다. 시대상황을 간과한 어리석은 조치들을 하루속히 거두고 민주주의를 실현하는 진정한 민주정부가 되기를 간절히 염원한다. (2014. 10. 12.)

사라진 충효(忠孝)

국가인권기구 국제조정위원회(ICC)가 한국인권위원회에 대해 '등급보류' 판정을 내렸다. 지난 3월 처음으로 등급보류 판정을 받고 지적사항을 보안해서 재심을 청구했지만, ICC가 또 다시 판정을 보류해 국제적으로 망신을 당했다. 인권위원과 직원의 다양성, 독립성, 투명성을 보장하는 장치가 미흡하고, 시민단체의 참여가 보장되지 않았다며 판정을 보류하고 보완을 권고했다. 2004년에 처음 가입하면서 A등급 판정을 받았고, 5년마다 실시하는 2008년 심사에서도 똑같이 A등급 판정을 받았던 한국인권위원회가 연이어 '등급보류' 판정을 받았다는 것은 사실상 등급하락평가를 받은 것이다.

이 정부를 믿고 살아야 하는 것이 너무 끔직하다. 박 근혜 대통령의 인권에 대한 경시와 인사 참사가 자초한 것이기 때문이다. '등급보류' 판정이 아니더라도 간첩증거를 조작하고, 사이버 검열 등 표현의 자유를 억압하려는 일련의 작태를 보면 이 나라가 진정한 민주국가인가 의심하지 않을 수 없다. 그리고 우리가 북한의 인권을 거론할 자격이 있는지 의심스럽다. 북한보다는 나은 편이긴 하지만, ICC의 권고를 충실히 이행할 생각은 않고, 허울뿐인 경제발전에 목을 매는 정부가 무슨 낯으로 북한의 인권을 논할 수 있는가? 대한민국의 공공성 수준이 OECD 33개 국가 중 제일 꼴찌라는 사실이 슬프다. 공익성뿐만 아니라 공정성과 공개성도 형편없이 낮다. 세월호 참사에서 보았듯이 국가의 공공성이 낮다 보니 재난발생 후 원상태로 돌아오는 회복탄력성이 현격하게 떨어진다. 또한 비합리적인 노동조건을 조직적으로 자행하는 기업에 철퇴를 가하기는커녕 오히려 두둔하고, 수 조 원을 깎아준 이명박 정부의 부자감세를 원상회복할 생각은 하지 않으면서 주민세와 자동차세를 인상하여 서민의 등골만 빼먹으려는 박근혜 정부에 인권을 기대하는 것 자체가 어리석은 일인지도 모른다.

국민들의 삶에 위협이 되는 것들을 하루빨리 거두어 불태워야 한다. 인권이 무시되는 세상에 살다보니 우리 민족이 최대 덕목으로 여겨온 충효가 사라졌다. 제 한 목숨 부지하기에도 버거운 세상에서 누가 국가를 걱정하고, 부모를 돌보려 하겠는가? 즐겁게 일할 수 있고, 꿈을 소유할 수 있는 터전을 마련해 줘야 충이 솟고 효를 품는다. 무분별한 최장시간 노동, 쥐꼬리 임금, 쪼개기 근로계약 등, 현대판 노예로 전락하고 있는 비정규직 제도를 철폐하지 않고는 희망을 가질 수 없으니 젊은이들에게 충효를 기대하는 것은 이제 허튼 꿈이 되었다.

그나마 표현의 자유라도 누리게 하여 조금이라도 가슴에 맺힌 응어리를 풀어 줘야 나라사랑을 기대할 수 있는데, 박 근혜 정부의 행태를 보면 이 마저도 기대하기 어렵다. 선진국처럼 깔끔하게 언로를 트고, 국민의 소리를 경청해야 국민도 스스로 변해 나 외에 것을 보게 되고 나라 사랑을 다짐한다.

역사전쟁에 지면 국가의 멸망이 지척이라는데 중국이 동북공정에 혈안이고, 천하에 제일 사악한 일본이 호시탐탐 재침을 노리고 있는 마당에 충이 없다면 이 민족이 어찌 되겠는가? 지금까지 이 민족을 굳건히 지켜온 힘은 모두 충효에서 나왔다. 항몽 항쟁으로부터 임진왜란, 병자호란, 일제강점기 등 자발적으로 나서서 국가에 몸을 바친 의병들이 없었다면 우리 민족은 이미 흔적도 없이 사라졌을 것이다. IMF 외환위기 극복과정을 보지 않았는가? 금 모으기 등 국민의 열렬한 애국심을 바탕으로 불과 2년 만에 극복했다. ICC의 등급보류판정을 계기로 인권을 개선하여 국민의 가슴에 충을 심고 효를 불어넣어서 대한민국이 거듭나야 한민족이 살아남을 수 있다. 그렇지 않으면 여진과 거란처럼 흔적 없이 사라질 수 있다. (2014. 11. 12.)

흔들리는 서민의 삶

경기가 살아날 기미가 전혀 보이지 않는다. 일본이 걸어온 '잃어버린 20년'을 그대로 답습하는 것 같아 몹시 불안하다. 실패한 길이라면 면밀히 되짚어 보고 같은 실수를 반복하지 않도록 주의를 기울여야 할 텐데, 어리석은 새누리당 정부는 오히려 일본을 따라하고 있다. 돈을 풀어 경기를 부양하려는 '아베 노믹스'의 실패를 보면서도 최 경환 경제부총리는 금리를 내리고 빚을 내서 집을 사라고 각종 규제까지 풀었다. 하긴 실패할 걸 뻔히 알면서도 자원외교에 수십조 원을 쏟아 부어 국가재정을 파탄 낸 자원외교정책에 가담했던 인사에게 무엇을 기대할 수 있겠는가?

박근혜 정부는 무엇을 하려는 정부인지 모르겠다. 가계부채가 3개월 만에 22조원이나 폭증하여 1,060조원을 넘겼다는데도 저렇게 어설픈 정책을 놓지 않으려고 한다. 가계부채가 위험수위를 넘어 붕괴직전에 도달한 것은 부동산규제완화와 대출금리 인하로 주택담보대출이 크게 증가한 것이 가장 큰 원인이지만 기대만큼 부동산 시장이 살아나지 않기 때문에 부메랑이 되어 돌아오고 있다. 부동산체감

경기를 나타내는 지표가 규제완화를 발표한 9월에 반짝했다가 두 달 연속 하락하고 있는 것을 보면 몰락이 충분히 예견된다. 결국 빚을 내서 집을 사도록 부추기는 박근혜 정부의 '최이노믹스'가 시한폭탄과 같은 가계부채의 뇌관을 두드리고 있는 것이다. 서민들은 빚을 내서 빚을 갚거나 빚을 갚느라 소비를 억제할 수밖에 없기 때문에 경기가 동반하여 악화하고 있다.

사상 유례가 없는 저금리도 곳곳에서 문제를 일으키고 있다. 은행금리가 2%대의 저금리라서 돈을 굴릴 수 없는 집주인들이 전세를 반전세로 돌리거나 월세로 전환하여 전세시대의 종말이 다가오고 있다. 초이노믹스는 은행만 재미 볼뿐 집 없는 서민의 등골을 뺀다. 전세가격 상승이 상상을 초월하여 전세가 있다고 하더라도 감당하기 어렵고, 대부분의 집주인이 반 전세나 월세를 선호하기 때문에 집 없는 서민의 삶이 날로 풍전등화신세다.

정부가 내놓은 전세대책도 부실하기 이를 데 없다. 전세난은 수요와 공급의 불일치로 발생하는 문제라서 정부가 끼어들 틈이 없고, 부동산 투자세나 전, 월세 상한제로 해결하기에는 턱없이 높다. 공공임대주택이라면 어느 정도 가능한 일일 수도 있지만 민간인의 재산권을 강제하려는 것이기 때문에 실효성에 의문이 생길 수밖에 없고, 민주주의국가에서는 발상자체가 위험한 것이라고 말하지 않을 수 없다.

공공임대주택을 늘리고 금리를 올려야 서민의 삶이 흔들리지 않는다. 한국경제의 존망이 걸린 저 출산문제를 해결하기위해서라도 새정치민주연합이 제시한 '신혼부부에게 집 한 채 공급' 같은 친 서민 정책을 확대하여 국민이 마음 놓고 살 수 있는 환경을 만들어야한다. 서민이 지갑을 열어야 경기가 살아난다. 일자리를 늘리고, 주택문제를 해결하지 않으면 꽁꽁 언 경제를 절대로 풀 수가 없다. 지나친 저금리정책은 기업에게는 혜택이 될지 모르지만 저축률을 떨어트리고 전세를 사라지게 함으로 국가경제에는 오히려 독이 된다. 집주인 대다수가 월세로 갈아타려 하기 때문에 시간이 흐를수록 전세난이 더 심각해질 것이다.

서민을 바라보는 정책이 필요하다. 국가경제를 지탱하는 힘은 재벌기업이 아니라 국민에게서 나온다. 국민을 힘들게 하면 소비가 줄어 결국 기업의 붕괴를 초래한다. 소비가 늘어야 경기가 살아나고 내수경기가 살아야 수출기업도 탄탄해질 수 있다. (2014. 12. 1.)

아들아,
거기에서
나와라

제6부

指鹿爲馬(지록위마)의 세월

세상은 아는 만큼 보인다.

세상은 아는 만큼 보인다. 그러므로 독재자들이 우민정치를 편다. 현란한 볼거리를 만들고 스포츠로 시민의 눈과 귀를 돌려놓거나 여론을 장악함으로 귀를 막는다. 알지 못하면 관심이 없기 때문에 안전하게 장막 뒤에 숨어 자신의 잇속을 챙길 수 있기 때문이다.

천주교 전주교구 정의구현사제단의 박 근혜 대통령 하야를 촉구한 시국미사로 정가가 시끌시끌하지만 부정선거에 대해 잘 모르는 국민은 강론의 의미를 간과하고 언론이 전개하는 연평도 포격사건 발언에 대해서 흥분하고 있다. 그러나 박 창신 신부의 시국미사 강론은 어디에도 북한을 두둔하거나 우리 정부를 폄훼한 말이 없다. 단지 민주주의의 근간을 흔든 권력기관의 선거부정을 질타했다. 선거는 민주주의의 핵심이기 때문에 선거에 조금이라도 부정이 개입되었다면 민주주의의 존립이 크게 흔들리기 때문이다.

민주주의의 정체성은 공평한 법적용에 있다. 권력에 의해 형평성이 흔들린다면 민주국가가 아니다. 국가기관의 불법 선거개입을 철저히 조사하라는 각계각층의 시국선언을 무시하고, 오로지 사건

자체를 축소, 은폐하려고 한 것이 박근혜정부의 최대 실수이다. 선거 부정은 이명박 정부에서 일어난 것이므로 어쩌면 자유로울 수도 있을 텐데, 잘못된 대응으로 사건 자체를 키우고 이제 되돌릴 수 없는 지경에 이르렀다. 천주교 정의구현 사제단이 천명하였다시피 시국미사는 민주주의의 토대가 뿌리째 뽑혀나가는 현실에 위기감을 느끼면서 근본적인 개선을 촉구하는 자리였다. 우국충정의 마음으로 양심의 명령에 따른 사제들의 말씀을 빨갱이의 선동으로 몰아가는 작태는 한심하기 짝이 없고 창피하다. 우리 대한민국이 그렇게 어리석고 졸렬한 나라인가? 대명천지에 이런 어처구니없는 사건을 일으켜 놓고 정권을 유지할 수 있다고 생각했다면 참으로 어리석다고 하지 않을 수 없다. 아무리 덮으려고 해도 결국은 모두 드러나게 되어 있다. 교회가 권력에 저항할 때마다 무거운 대가를 지불했지만, 사제들은 불의에 대한 저항을 믿음의 맥박이라고 생각하기 때문에 그 어떤 힘으로도 사제들을 억제하지 못했다. 더욱이 반대세력에 대한 탄압으로 일관하는 공포정치의 수명은 그리 길지 않다고 믿기 때문에 시간이 흐를수록 사제들의 저항이 더 강력해질 것이다.

국정원 선거 개입사건은 검찰수사에서 지금까지 드러난 사실만 가지고도 관련자들을 모두 엄벌할 수 있다. 박 창신 신부의 주장대로 서둘러 이명박 전 대통령을 구속 수사해야 하고, 2,000만 건의 트위터 글이 개인적인 일탈이 아닌 조직적인 범행이었다면 박근혜 대통령도 하야해야 맞다. 문제의 초점은 수사이다. 최동욱 전 검찰총장과 윤석열 특별수사팀장의 찍어내기로 신뢰성을 잃은 현 검찰의 수사로는 어떤 결과가 나와도 국민의 신뢰를 확보할 수 없다. 국민이 신뢰할 수 있는 특검에 의해 철저하게 수사하고, 그 결과에 승복하는 것이 정부와 정치권의 의무이다.

정부는 눈을 크게 뜨고 사태를 직시하길 촉구한다. 세상은 아는 만큼 보인다고 하지 않던가? 대한민국 국민은 매우 현명하다. 불의를 용서하지 않고 절대로 불의와 타협하지 않는다. 중원을 점령했던 거란, 선비, 만주족은 사라졌지만 침략을 더 많이 받은 우리 민족이 오히려 그들 앞에 당당한 것은 지배집단은 승복했지만 국민은 절대로 주권을 포기하지 않은 불굴의 정신력 때문이다. 우리 민족은 절대로 지질하지 않다. 정부는 참회하는 마음으로 사건을 보고 사죄하는 자세로 국민의 뜻을 받들라! (2013. 12. 26.)

소통부재가 신뢰를 무너뜨리고 있다

박근혜 대통령을 상징하는 '원칙과 신뢰'가 이곳저곳에서 무너지고 있다. 경제민주화와 한국형 복지체계의 구축 등 주요 公約(공약)이 空約(공약)이 되는 현실을 보면 그 진정성을 의심하지 않을 수가 없기 때문이다. 도대체 박 근혜 대통령의 '원칙과 신뢰'는 누구를 위한 원칙이고 무엇을 위한 신뢰인가?

이명박 정권의 세종시 수정안에 대해 강력히 반발하며 맨몸으로 저지하는 모습을 보면서 신뢰할 수 있는 사람이구나 생각했었다. 그래서 박 근혜 후보가 대통령에 당선하는 것도 그렇게 나쁘지는 않겠다고 생각했었는데, 취임 1년도 되지 않아 그 신뢰가 와르르 무너지고 있다. 취임 후 1년 동안 보여준 침묵과 불통, 일방적인 공약후퇴와 공약파기 행보가 그 동안 쌓아왔던 기대를 한꺼번에 무너트렸다고 할 수 있다. 취임 1년 만에 국가재정위기를 이유로 복지공약을 후퇴하는 것은 절대로 국민이 기대한 박 근혜 대통령답지 않은 행동이다. 복지공약을 믿고 성원한 노인들을 위한 마음이 조금이라도 있다면 이렇게 허망하게 물러서면 안 된다. 사실 증세 없는 복지확대는 처음부터 잘못된 공약이고, 이명박 정부가 물려준 천문학적인 국가부채를 모를 리 없는데 복지확대공약이 증세 없이 가능하다고 생각하지는 않았을 것이다.

박근혜 대통령의 公約(공약)의 空約化(공약화)는 기초노령연금 20만원 지급과 4대 중증질환 진료비 전액 국가부담 외에도 셀 수 없이 많다. 반값등록금, 5세 이하 아동 전면무상보육, 고교무상교육 공약 등을 후퇴하는 무책임한 행보를 거듭하고 있는 현실이 실로 참담하다고 말하지 않을 수 없다. 여권은 복지과다로 인한 북유럽의 재정위기를 거론하며 복지공약에 손사래를 치지만, 이명박 정부의 부자감세만 원상복구해도 공약의 상당부분을 이행할 수 있음은 알고 있지 않은가? 이명박 정부가 감세해준 것이 5년간 100조원에 이른다 하고, 감세부분을 원위치하는 것은 증세가 아니다. 그리고 우리나라의 출산율이 세계에서 가장 낮은 1.1%대라는 사실이나 아시는지 모르겠다. 국가의 미래를 위해서라도 청소년과 유아에 대한 공약만이라도 지켰으면 좋겠다.

박 근혜 대통령의 원칙과 신뢰의 붕괴는 경제와 복지정책에 그치지 않는다. 전혀 예산이 들어가지 않는데도 기초선거 정당공천제 폐지공약을 파기하려한다. 새누리당의 기초선거 정당공천제유지안에 대해서 저렇게 침묵하고 있는 것은 결국 묵시적 방조가 아닌가?. 또, 국민대통합시대를 열겠다고 공약했으면서도 탕평인사는 고사하고 유신세력 일색이고, 친일과 독재를 미화하는 역사교과서에 대한 집착이 너무 심하다. 박정희 전 대통령의 친일 문제를 털고 친일파를 정리하면 훌륭한 대통령으로 기록될 자질이 충분한데 오히려 혈연과 식민사관의 플레임에 갇혔다. 친일행위는 일본의 강압에 의해 어쩔 수 없었다는 내용을 담은 교과서를 용인하도록 교육부에 압력을 넣었다는 사실이 '뉴욕 타임즈'의 사설에 게재됨으로 국제적 망신까지 샀다. 외교부와 교육부가 공세적으로 반박하고 있지만 공표된 사실을 되돌릴 수도 없고, 필자도 정황상 이 사설이 거의 틀리지 않다고 생각한다. 과학사 교과서 내용을 옹호한 이배용을 한국학중앙연구원장에 임명했고, 국사편찬위원장에 뉴 라이트계열의 유영익을 임명했기 때문이다.

박근혜 대통령의 침묵과 불통의 행보를 보고 있으면 울화가 치민다. "국민에게 더 큰 이익이 돌아가게 하는 길을 방해하는 세력과 소통하지 않는 것은 자랑스러운 불통이다"고 말하는 아첨배도 있지만, '원칙과 신뢰'의 붕괴보다 더 무서운 것이 소통부재이다.

(2014. 1. 24.)

절망 범죄

선거 열풍이 무섭게 몰아치고 있다. 모든 정치적 이슈를 끌어드리는 블랙홀이 되어 사실상 정치가 실종 되었다. 민생을 외치지만 국회의원은 산적한 민생 현안을 모르쇠하고 오로지 선거에만 집착하고 있다. 가뜩이나 극심한 기상이변으로 에그플레이션(agflation)이 우려되는 상황에서 우리나라의 농축산업을 붕괴시킬 한-캐나다 FTA가 체결되었는데도 이의를 제기하는 사람이 하나도 없다. 공공요금 인상, 민생물가 상승에 대해서조차 뚜렷한 대안을 제시하지 못하면서 진정성이 의심되는 복지공약이나 남발하고 있다. 진정으로 국민을 위한다면 표심을 노리는 어설픈 복지공약보다 비정규직 철폐와 같은 획기적인 노동정책이나 위험수위에 이른 실업문제, 일자리 창출에 대하여 구체적이고 실현 가능성이 있는 정책을 내놓아 청장년층의 사기를 끌어올려야하지 않는가?

정부 여당에게 묻는다. 진정으로 서민을 위한 정치를 할 마음이 있는가? 백수청년 백만 시대에 날로 증가하는 NEET족에 대한 처방이 있기는 한가? 잠재적 자살 위험군인 NEET족과 캥거루족을 구제할 대책은 세우고 있는가?

OECD 평균 청년실업률이 16%를 넘어섰다. 청년실업률의 고공행진은 이미 세계적인 현상이고, 언제 폭발할지 모르는 시한폭탄이다. 대한민국의 경우도 위험하긴 마찬가지다. 우리나라도 단시간 취업자나 취업준비중인 청년을 포함하면 실질적인 실업률이 20%를 훨씬 넘는다. 50-60대의 취업률은 상승하는데 20-30대는 실업률이 상승하고 있다. 50-60대의 부모가 벌어서 20대의 자녀를 부양하고 있는 슬픈 현실이 2014년 한국의 자화상이다.

NEET족은 1999년 영국정부가 작성한 보고서에서 처음으로 등장했다. 사전적 의미로는 교육기관에 소속되지 않고 채용되지도 않았으며 직업훈련에도 참가하지 않는 16-18세 청년을 말한다. 일본의 NEET족은 공부도 싫고 일도 싫은 사람이며, 한국의 NEET족은 취업경쟁에서 밀려나 일하지도 않고 일할 의지도 없는 청년 무직자를 의미한다. 일본의 NEET족 수는 우리나라보다 많아 80만을 상회하지만, NEET족의 증가속도는 우리나라가 일본을 훨씬 앞지른다. 그리고 NEET족의 30%는 은둔형 외톨이로 전락할 가능성이 높기 때문에 방치하면 심각한 사회문제를 일으킬 위험이 있다.

미국의 범죄 심리학자 "제임스 윌슨"과 "조지 켈링"이 1982년 3월에 공동 발표한 "깨진 유리창 이론" (Broken windows theory)에 비추어 볼 때, 정부가 너무 안일하게 대처하고 있는 것 같다. 현실을 냉철하게 직시하고 청년실업에 대하여 보다 적극적인 대책이 요망된다. 깨진 유리창 하나를 방치하면 주위에 있는 유리창이 더 깨지게 되고, 그 지점을 중심으로 범죄가 발생한다는 '깨진 유리창 이론'과 같이

NEET족과 캥거루족을 더 이상 방치하면 국가가 큰 혼란에 빠질 수 있다. 어떤 조직에서 한 사람이 틀을 깨면 이어서 다른 사람도 줄지어 틀을 깬다. 사소한 방치가 엄청난 사태를 몰고 오는 것이다.

청년실업문제, 특히 NEET족과 캥거루족에 대한 대책은 국가가 직접적으로 개입하여 해결하지 않으면 안 된다. 이들을 방치하면 국가경제가 위태로워질 뿐만 아니라 멀지 않은 장래에 자살과 불특정 다수를 공격하는 절망범죄가 발생할 가능성이 크다. 무엇보다 NEET족과 캥거루족 문제를 국가적인 현안으로 삼아 심층 분석하고, 일자리창출에 최선을 다해 그들을 양지로 끌어내야 한다.

(2014. 3. 15.)

비정상의 정상화 개혁

박근혜 대통령이 경찰대 30기 졸업식 축사에서 “비정상의 정상화개혁은 법과 원칙을 세우는 일에서 출발한다.”고 말씀하셨다. 백번 지당하고 국가를 바로 세우는 일이다. 실천을 전제로 이 말씀에 뜨거운 박수를 보낸다.

그러나 진정성에 문제가 있다. "불법집단행동을 방치하면 경제혁신을 이뤄내기 어렵고 국가기강과 사회 안전을 흔드는 불법과 무질서를 방관하면서 우리가 바라는 국민통합과 통일시대를 열기는 힘들다,“고 부언함으로써 실천의지가 의심된다. 의료계의 집단휴진과 같은 단체행동부터 엄단하겠다는 것이 아니고 무엇인가? 의사의 집단휴진은 국민의 불안 심리를 자극하고 의사들의 자존감을 훼손하는 일인 것은 맞지만, 정부는 그들이 그 방법을 선택할 수밖에 없는 상황에 처했다는 사실을 인식해야한다. 그나마 하루 휴진투쟁 후, 정부와 의협의 협상이 순조롭게 진행되고 있어 다행이다. 의협의 주장대로 원격진료는 심각한 후유증이 따를 수 있기 때문에 안정성과 유효성을 검증하기 위하여 시범사업을 실시하고 그 결과를 충분히 검토한 후 입법순서를 밟는 게 옳다. 그리고 거대자본이 투입될 수 있는 영리병원을 합법화하기 위한 입법이라면 당연히 철회해야한다. 대형마트가 골목상권을 궤멸시키고 있는 것처럼 1차 의료기관인 동네병원이 심각하게 붕괴될 수 있기 때문이다.

법과 원칙을 바로 세우는 일은 사법권을 바로 세우는 것에서부터 시작해야한다. "서울시 간첩사건수사"에서 드러난 국정원과 검찰의 잘못을 보라! 이러고도 대한민국을 민주주의국가라고 할 수 있는가? 국정원과 검찰의 과실이 명백히 드러났는데도 아직까지 뚜렷한 개혁의지가 보이지 않는다. 현재 수사가 진행 중이고 법원에 계류 중인 사건이라 어쩔 수 없다고 둘러대고 있지만 정부의 행태를 지켜보면 꼼수인 것이 분명해 답답하고 울화통이 터진다. 지금과 같은 셀프수사로는 명백한 결론이 나기 어렵고, 결코 국민의 신뢰를 얻을 수도 없을 것이다.

서울시 간첩 증거조작사건은 그렇게 한미한 사건이 아니다. 반민주적인 사건이며 중국과 외교적 마찰을 야기할 수도 있다. 국정원의 선거개입사건을 물 타기 하려는 조작극이라니 어떠니 설이 분분하지만 권력기관이 국민을 상대로 자행한 참으로 치욕스런 후진국성 범죄임에 틀림없다. 서류조작은 인정하지만 유우성씨가 간첩임에는 틀림없다며 증거조작사건을 호도하려는 세력도 있지만, 국정원 조사에서 오빠가 간첩이라고 했던 유우성씨의 여동생이 법정에서 진술을 바꿨다. 179일간 구금돼 가혹행위를 당했다고 주장했으며, 가려 씨의 변호인 접견을 막은 것이 위법이라는 판결이 나왔다. 유씨에게 불리한 증언을 한 탈북자들의 진술도 모순이 드러나거나 바뀌어 검찰이 제시한 증거가 법원에서 탄핵되었다. 민주당 김 한길 대표의 말대로 나라를 지켜야할 국가정보원이 나라의 암 덩어리가 돼가고 있다. 검찰도 마찬가지다. 지금까지 사건수사에서 드러났듯이 국정원의 증거조작을 몰랐다면 무능하거나 직무유기이며, 알고도 묵인했다면 천인공노할 공범이다.

방법은 하나뿐이다. 하루속히 특검을 도입해야한다. 국가의 명예를 위해서라도 특검을 통해 명명백백하게 사건의 실체를 밝히고, 지위고하를 막론하고 관계자를 엄벌해야한다. 그리고 조직을 바꿔야 한다. 박 근혜 대통령의 용단을 다시 한 번 촉구한다. 비정상의 정상화의 첩경은 권력기관의 개혁이다. 국정원과 검찰을 개혁하고 경제선진국에 걸맞은 대한민국의 위상을 되찾아 국민이 존경하는 대통령으로 기록되기를 바란다. (2014. 3. 17.)

아아, 대한민국?!

유럽과 아시아를 넘나들며 수없이 여행을 다녔지만 귀국할 때마다 대한민국이 훨씬 우수하다고 느꼈다. 동남아시아는 물론 프랑스를 비롯한 유럽 어느 나라보다 공공시설의 규모, 치안상태, 공공서비스, 안전 등 모든 면에서 우리나라가 최고라고 생각하며 가슴이 뿌듯했었는데, 진도 앞 바다 여객선 침몰사고 및 구조과정을 지켜보며 그것은 나 혼자만의 착각이었다는 것을 절감했다.

이제야 대한민국이 무늬만 화려한 속빈 강정이었음을 통감한다. 세월호 사건은 최악의 인재참사이다. 선박회사와 운항관리자들의 안전 불감증뿐만 아니라, 정부의 재난관리 시스템의 부실을 적나라하게 보여주었다. 선장과 '중앙 재난안전 대책본부'가 매뉴얼대로만 움직였다면 피해자를 훨씬 줄일 수 있었을 텐데 전혀 그러지 못했다. 생각할수록 분통이 터져 정말 '씨랜드' 화재사고 유가족 중 한 가정이 이민을 떠난 것처럼 나도 이 나라를 떠나고 싶다. 선박직 직원은 15명 전원 생존하고 앞길이 구만리 같은 어린 학생은 대부분 사망, 실종하다니, 막장도 이런 막장이 없다. 뚜렷한 사령탑이 없어 구조작업은 계속 우왕좌왕, 통계는 일주일이 넘도록 오락가락, 사고 직후 전원구조라고 발표한 사람은 눈 감아 주며, 아직 생존자가 있다는 말은 유언비어라며 엄벌하겠다고 으름장을 놓는다. 도대체 답답한 구조작업을 독려하려는 것일 수도 있다는 생각은 왜 하지 못하는가? 그나마 여야가 사고수습에 전력을 기울이기 위해 지방선거경선일정과 선거운동, 국회상임위활동을 잠정 중단하겠다는 발표로 울화가 조금 가라앉았지만 사고현장을 방문한 정치인들의 행태엔 오히려 울화가 치밀었다. 그들이 한 일이라곤 구조현황을 보고받고 구조작업에 총력을 기울이라는 말밖에 없다. 학부모는 일분일초가 아쉬운데 관계자는 그들에게 상황을 보고하고 그것을 준비하느라 그 아까운 시간을 허비해야했기에 부아가 치미는 것이다.

세월호 참사는 박근혜정부의 국정운영능력부실을 남김없이 다 보여주었다. 장관 후보자들의 인사청문회에서 보았듯이 흠 없이 깔끔하게 살아온 사람이 한 사람도 없었으니 더 이상 할 말이 없다. 자신의 이익을 위해 파렴치행위를 일삼던 사람들에게 사명감이 있기를 바라는 것이 어찌 가능하겠는가? 능력은 보지 않고 호감에 의존한 인사는 꼭 이렇게 재앙을 불러 온다. 결국 구조작업의 지연과 미숙한 대응은 이미 예견된 일이다. 이런 시스템 아래서 고강도 지진이 나거나 북한이 남침하는 일이라도 발생하면 어떻게 될까?

세계 제일의 조선강국에서 일어난 선박사고치고는 너무나 참혹했다. 침몰사고의 제일 큰 원인으로 무리한 변침을 지목하지만 과연 그럴까? 변침으로 허술하게 결박한 화물이 풀려 한 쪽으로 쏠리면서 선박이 복원력을 잃고 전복된 것이 다일까? 아무리 생각해도 이것은 아니다. 우리나라보다 조선 기술이 떨어진 일본에서 1994년 건조되었고 18년이나 운행한 낡은 선박을 수입하고, 무리한 구조변경 등을 묵인한 관계당국의 책임이 더 크다. 아직 수사단계에 있지만 조타기가 제대로 작동하지 않았고, 화물을 무리하게 선적하고도 출항 전 복원력 테스트를 실시하지 않은 것과 관제센터의 허술한 대응도 미심쩍다.

모든 규제가 암 덩어리가 아니고, 규제를 푸는 것이 다 좋은 것은 아니다. 규제해야할 것은 더 철저히 규제하도록 하는 것이 진정한 개혁이다. 국민의 이익보다 기업의 이익을 우선하는 무분별한 규제완화는 사회에 더 큰 위협이 될 수 있다. 정부는 선박을 이용한 수학여행을 폐지한다는 등 사고 직후에 급조되는 정치성 대책을 삼가하고, 사고원인을 철저하게 규명하여 국가 위기관리 시스템을 면밀히 손질해, 재해사고방지와 실질적인 안정망구축에 심혈을 기울였으면 좋겠다. (2014. 4. 23.)

혁명적 결단이 필요하다

국가개조론이 나올 만큼 대한민국의 위상이 완전히 밑바닥으로 추락했다. 구조의무를 가진 국가의 무능으로 너무나 많은 사람이 목숨을 잃었다. 그래서 개각설이 나오고, 대통령 하야주장과 국가개조론이 부상하고 있다.

그러나 국가개조론은 아직 시기상조라고 생각한다. 어디가 어떻게 얼마만큼 잘못되었는지도 파악하지 못한 상태에서 국가개조를 운운하는 것은 앞서나가도 너무 앞서나가는 일이다. 선입견을 배제한 조사와 분석으로 사건의 진상을 규명한 후에 논의해도 결코 늦지 않다. 설만 분분할 뿐 정확히 원인이 밝혀지지 않은 마당에 정략적으로 접근하다가는 오히려 역풍을 맞을 수도 있다.

세월호 참사 수습과정을 보고 있으면 "인간은 정보의 과잉으로 주체적 판단능력을 상실하고 수직적인 계급사회의 노예로 전락할 것이다."라고 한 '올더스 헉스리'의 말이 가슴에 큰 울림을 준다. 비리와 조작의 흔적이 속속 드러나고 있기 때문이다.

정보가 넘쳐날 때는 조작될 확률이 낮은 초기정보에 수사의 초점을 맞추는 것이 현명하다. 당국은 노후선박구입과 무리한 구조변경, 변침에 초점을 맞추고 있는데 이는 발상 자체가 너무 어긋나있다. 초기정보에 담긴 원인과 늑장구조를 연계해서 조사하는 것이 타당할 것 같다. 사고발생 당일엔 외부충격설이 제기되었고, 미국 뉴욕 타임즈가 최초로 보도했는데, 침몰해역에 암초가 없다는 사실이 나오자 어느 순간에 자취도 없이 사라져버렸다. 충돌한 흔적이 선명한 세월호의 영상이 보도되기도 했었는데, 지금은 선박의 결함과 선장, 해운선사의 잘못만 크게 부각되고 있다. 그렇다면 생존자들이 들은 쿵하는 충격음을 뭐라고 변명할 것인가? 충돌에 의한 침몰이었다면 충격음이 들린 후 선박이 기울어졌을 것이고, 컨테이너가 원인이 되어 사고가 발생했다면 배가 기울어진 뒤에 충격음이 들렸어야한다. 그것도 충돌은 쿵하는 단발음이 들렸을 테지만, 컨테이너가 원인이라면 와르르 무너지는 연속음이 들렸을 것이다.

국가개조론이 등장하게 된 가장 큰 이유도 구조과정에 대한 실망과 신뢰도의 추락에 있다. 구조과정을 들여다보면 미스터리라고 할 만큼 이해하지 못할 사연이 참 많다. 늑장대응과 최고의 전문가그룹인 UDT를 배제한 이유, 전원구조라는 오보를 날린 사람이 누구이고 무엇 때문인가? 도대체 누가 무엇 때문에 거짓정보를 흘렸는가? 이것을 밝히면 틀림없이 사건의 전모가 드러날 것 같다.

그리고 살인행위라고 해도 전혀 지나치지 않는 "현 위치에서 움직이지 말고 대기하라"는 안내방송은 누구의 지시에 의해 계속되었는가? 실종한 학생이 보내온 동영상을 통해 그 실체가 드러난 것처럼 10시가 넘어서도 학생들은 살아 있었다. 스스로 상황을 파악하고 위기에 대처하도록 교육하지 못한, 순명만을 강조한 독재교육이 저렇게 참혹한 결과를 낳았다. 안내를 무시하고 스스로 탈출했거나 구조대가 창을 깨고 들어갔다면 다수의 학생이 생존할 수 있었을 것이다. 그렇다면 누가, 왜, 무슨 이유로 그 자리에 대기하라 하고, 출동한 해경도 왜 탈출하라는 방송을 하지 않았는가? 재차 강조하지만 이들은 명백한 부작위 살인의 공범들이다.

이제 혁명적 결단이 필요하다. 오로지 국가와 국민의 안전을 위해서 철저히 원인을 파악하고, 범죄행위가 있었다면 지위고하를 막론하고 엄벌해야하며, 정부와 국민의 의식구조를 바꾸는 혁명적 조치가 필요하다. (2014. 5. 06)

모든 악은 전관예우에서 나온다

흡인력이 강하고, 다소 부정적인 선거폭풍 속으로 세월호 사건도 소리 없이 빨려 들어가고 있는 것 같다. 국민의 안전과 복지증진에 최선을 다하겠다는 입에 발린 말들이 춤을 춘다. 선거가 끝나고 나면 이내 나 몰라라 할 것들을 여야 가릴 것 없이 감언이설로 유권자를 흔들고 있다.

국민이 늘 가슴에 품어야 하는 것은 사건에 대한 기억이다. 지금까지 겪은 사건들이 모두 그렇듯 국민의 뇌리에서 사라지는 순간 정치권도 이내 내팽개치기 때문이다. 세월호 참사 이전에도 대형선박사고가 있었다. 1953년 1월 부산 다대포 앞바다에서 침몰한 창경호. 1970년 12월에 발생해 338명의 승선인원 중 326명이 익사한 남영호, 1993년 292명이 사망한 서해훼리호 사건이 있었지만 이번에도 똑같이 당했다. 모두 정부의 무능과 무책임, 안전 불감증이 근본원인이다. 사고가 발생할 때마다 "다시는 이런 사고가 발생하지 않도록 철저히 위기관리 시스템을 개선하겠다."고 다짐했지만, 세월호보다 인명피해가 많았던 남영호 사건도 세월호 만큼은 참혹하지 않았다.

세월호가 침몰하듯 대한민국이 침몰하지 않기 위해서는 세월호 참사를 통해 미래를 보고 철저히 대비해야한다. 전쟁이든 질병이든 대한민국호가 위기에 처했을 때 국가와 정부가 세월호 사건같이 대처했다고 가정해보라! 가진 자, 기득권자는 선장과 승무원처럼 도망가고 모든 피해는 고스란히 국민이 뒤집어쓸 것이다. 저렇게 무책임하고 무능한 정부를 단죄하지 않고는 세월호에서 보듯 맞서지 않고 순응하는 국민만 희생당한다.

국민이 망각하면 희망이 없다. 거짓 정보에 속고, 욕심 때문에 부정한 세력을 선택해서 가혹한 재앙을 입었으니 이대로 방치하면 또 다른 고통과 좌절을 겪게 될 것이다. 뒤를 돌아보자. 경제적 부흥을 기대하고, 도덕적 결함이 극심한 이명박을 선택하고 보낸 세월을 뒤돌아보자. 국민의 부가 아니라 재벌의 부를 위해 부자감세를 부끄럼 없이 감행하고, 천문학적인 재정을 4대강에 쏟아 부어 국가재정만 파탄 냈지 않았는가? 거짓공약에 현혹되어 박 근혜 정부를 선택하고 얻은 것이 과연 무엇인가? 유신으로의 회귀는 그렇다고 하더라도 세월호 사고에서 단 한명의 국민도 지키지 못했다. 하지만 저들은 오히려 떳떳하다. 여전히 대한민국은 "우리가 남이가?"하는 말이 통하는 사회이기 때문에 그들은 진실을 두려워하지 않는다.

세월호 사건에 대한민국의 결점이 적나라하게 드러나 있다. 사건에 담긴 하느님의 계시도 깨닫고, 새롭게 태어나지 않는다면 불시에 더 큰 위험이 닥칠 수 있다는 것을 가슴에 담아야한다. 이제 한민족의 융성을 위해 부패한 관행을 뿌리 뽑자. 도처에 독버섯처럼 자라고 있는 관피아, 법피아, 정피아를 뿌리 뽑지 않으면 대한민국의 내일은 없다. 모든 부패의 원인이 이곳에 있다. 전관예우의 적폐가 사라지지 않는 한 관료사회가 결코 맑아질 수 없기 때문이다.

이제 생생히 기억하고, 한시도 경계를 풀지 말자. 그리고 어떤 사건도 그냥 우연히 일어나진 않는다는 것을 유념하자. 원인이 있고 원인을 만드는 악의 세력이 반드시 존재한다. 세월호 사고를 통해 우리가 달라지지 않으면 그 보다 더 큰 재앙이 꼬리를 물고 일어날 확률이 매우 높다. (2014. 5. 25.)

사고공화국인가, 민주공화국인가?

모두들 화난 듯 뿌루퉁해 있다. 아이들의 웃음처럼 청량하게 웃는 모습이 보이지 않고, 깔깔거리는 소리도 들을 수가 없다. 아버지는 아버지로, 엄마는 엄마로 사느라 지치고, 가정을 건사하기 위한 경제적 토대를 구축하기 위해 자신을 돌볼 여유가 없어서 그런지, 국민의 표정이 가뭄에 시달린 풀잎같이 시르죽은 모습이다.

이대로 가다가는 자본주의의 퇴락도 얼마 남지 않은 것 같다. 분배에 인색한 자본의 횡포가 마침내 삶의 질까지 위협하고 있기 때문이다. 돈 앞에서는 예의도 정의도 내던지는 세상, 정글의 논리가 판을 뒤집어 서민들은 이제 설 자리가 없다. 사회생활을 시작도 하기 전에 수천만 원의 부채를 걸머진 젊은이들이 꿈을 잃고 허둥대고 있다.

2014년 상반기 경제지표를 보면 참담하기 이를 데 없다. 엔저현상의 지속으로 수출증가율이 하락하면서 경제성장률이 둔화되고, 가계소비가 급격히 감소하여 경기침체가 장기화의 조짐을 보이고 있다. 경상수지흑자가 계속되는 것을 두고 박근혜정부의 경제정책을 찬양하고 향후 경기를 낙관하고 있는 사람도 있지만, 내수부진으로 인한 수입증가율 감소가 몰고 온 부정적 효과일 뿐 서민의 살림살이는 나아진 게 전혀 없다.

설상가상으로 국가재난 급 사고가 빈발하면서 화난 국민이 사회활동을 자제하고 지갑을 닫아 경제회복의 전망을 더욱 어둡게 하고 있다. 그렇잖아도 장기침체의 길로 접어들고 있는 때에 불어 닥친 사고 열풍은 민심의 이반을 심화하고, 경제를 꽁꽁 얼어붙게 했다. 카드 3사의 개인정보유출사고를 시작으로 전남 여수앞바다 유조선 기름유출사고, 경주 '마우나 오션' 리조트 체육관 붕괴사고, 세월호 참사, 서울 지하철 2호선 상왕십리역 전동차 추돌사고, 고양 종합 터미날 화재, 장성 효사랑 요양병원 화재 등, 갑오년엔 흉측한 사고가 꼬리에 꼬리를 물었다.

그러나 불안에 떠는 국민을 위로하고 완벽한 후속조치를 취해야 할 정부의 사후대책과 사고수습은 허점투성이라 국민의 분노를 키우기에 부족함이 없다. 가뜩이나 민심이 흉흉한 마당에 동부전선 GOP 총기난사사건이 터져서 군의 신뢰도마저 완전히 땅에 떨어졌다. 박근혜 정부는 안보도, 재난관리시스템도, 정책도, 인사도, 어느 곳 하나 믿을 곳이 없다. 총기난사사건도 앞뒤정황을 살펴보면 세월호 사건처럼 의심스러운 곳이 많다. 중점관리 대상인 B급 관심사병을 GOP 근무에 투입한 이유가 무엇인가? '진돗개 하나' 발령을 두 시간이나 지난 후에 발령한 이유 또한 석연찮다.

지금 정부가 가장 시급히 해야 할 일은 토라진 민심을 달래는 일이다. 정권유지를 위하여 벌이는 이벤트성 정책이나 여론을 호도하기 위한 선심성 정책을 자제하고 부당한 정치놀음일랑 속히 거두어 폐기하도록 권고한다. 반민족적 역사인식과 차떼기 스캔들, 논문표절 같은 부정에 연루된 상상하기조차 민망한 파렴치범들을 국무총리와 국정원장, 장관으로 지명하는 것은 오히려 민심을 자극하는 일이다. 부정한 자들은 결코 성실하지도 않다. 국민이 마음을 열지 않으면 어떠한 정책도 실효성이 없다. 공직자를 국민이 납득할 만한 청렴결백한 인사로 교체하여 새 세상을 만드는 일에 공을 들이지 않으면 이 정권의 끝도 결코 아름다울 수가 없다. (2014. 6. 23.)

국민이 먼저 변해야한다

세월호 사건이 점점 국민의 기억에서 멀어지고 있는 것 같아 안타깝다. 내 아들 딸이 아니라고 해서 이렇게 쉽게 잊어버린다면, 우리도 침몰하는 선박에 아이들을 내버려두고 자기들만 살겠다고 탈출한 선원들과 다를 것이 없다. 단 한명도 구조하지 못한 해경과 해피아의 범죄행위를 철저히 규명하지 않고 도망갈 구멍만 찾는 정부를 이대로 방치해선 안 된다.

세월호 국정조사특별위원회에서 공개된 사고당일 녹취록에서 정부의 민낯이 숨김없이 드러났다. 사고의 직접적인 원인이 아직도 불분명하다. 구조상황실이 아니라 보고상황실이었고, 청장이나 국회의원에 대한 접대상황실이었다. 전원구조라는 오보를 띄운 이유와 범인이 아직도 밝혀지지 않았다. 물론 엄벌해야할 범죄자인 것은 맞지만, 참사에는 직접적인 관계가 없는 유 병언을 띄워 사건을 희석하더니, 구속영장이 재발급된 22일에 순천에서 발견된 변사자가 유 병언이와 DNA가 일치한다고 발표하며 얼버무리려한다. 그렇다면 군까지 동원한 검찰수사는 40일 동안이나 귀신을 찾고 돌아다녔단 말인가?

세월호 참사가 발생한지 100일이 넘었건만 달라진 게 없다. 장성 요양병원화재, GOP 총기난사사건, 부산지하철 전동차 화재, 광주 헬기추락사고 등, 마치 사고공화국인양 꼬리를 물고 일어나는 사고로 국민의 불안감이 고조되고 있다. '방구가 잦으면 똥이 나온다.'는 속담처럼 이대로 방치했다가는 머지않아 국가의 붕괴를 초래할지도 모를 대형사고가 터질 것이다. 미인계로 군사기밀을 빼낸 사건을 보고도 이를 느끼지 못한다면 한심하다고 하지 않을 수 없다. 기밀서류 전체를 통째로 복사해 USB에 담아 넘기는 역사상 초유의 사건이기 때문이다. 김영삼 정부시절의 '린다 김' 사건도 이 정도는 아니었다.

도대체 정부와 정치권은 무엇을 하고 있는가? 아니, 달라지려는 노력이라도 하고 있는지 모르겠다. 저 지경이 되도록 군이 부패했고, 정부가 안전관리에 이토록 무능하다면 이제 국민은 의지할 곳이 없다.

국가개조를 부르짖고 있던 정부에서 일어난 사고치고는 너무 참담하다. 하긴 세계의 웃음거리가 된, 정홍원 국무총리를 다시 기용한 것이나 자진 사퇴한 두 명의 국무총리와 장관 지명자의 면면을 보면 개혁의지가 전혀 없다. 도대체 그렇게 질이 떨어지는 사람을 지명해 여론의 뭇매를 맞고도 끝까지 지명을 철회하지 않을 만큼 그들에게 목을 매는 이유가 무엇인가? 그리고 왜 자꾸만 '세월호 특별법' 처리의 발목을 잡고 있는가? '전례가 없다'는 이유로 반대하는 새누리당에 묻고 싶다. 정말 진상규명위원회가 조사권만 가지고도 진상이 규명되고, 적폐를 해소할 수 있다고 믿는가? 세월호 사건은 권력기관의 부정이 얽힌 사건이라 수사권과 기소권을 함께 가지지 못하면 절대로 불가능하다는 것을 모르지는 않지 않는가?

저런 참극을 보고도, 저런 시련을 겪고도 국민이 달라지지 않는다면 저들이 더 미쳐 날뛸 것이다. 국민이 이대로 입을 다물고 행동하지 않는다면 저 썩은 정치권과 하나도 다를 게 없다. 정치권의 각성을 촉구하고, 정부의 책임을 묻는 촛불을 들어야한다. 선거에서도 지역의 이익을 따지지 말고, 정당의 거짓공약에 속지 말며, 올곧은 사람을 선택해야 나라가 바뀔 수 있다. (2014. 7. 19.)

도덕불감증에 빠진 조직문화

선임병사들의 집단구타에 의한 28사단 윤 일병 사망사건은 GOP 총기난사사건이 발생하기 전인 4월 7일에 발생했다. 국방부가 철저히 조사하고 관계자를 엄벌했다면 임 병장의 총기사고가 발생하지 않았을 수도 있다. 이런 엽기적인 가혹행위발생을 몰랐다며 사실을 숨겨오다가 4월 8일에 국방부에 보고한 사실이 드러나자 허위보고나 보고누락에 고의성이 있다면 징계는 물론 형사고발하겠다고 얼버무리고 있다.

국방장관이 윤 일병 구타사건을 시민사회단체발표와 언론보도를 통해 알았다니 도대체 말이 되는 소리인가? 새누리당 노철래 의원의 지적처럼 장관이 취임했는데 예하부대에서 발생한 살인사건을 보고받지 못했다는 것은 있을 수 없는 일이다. 장관이 군 내부폭행사건을 계통보고도 받지 못했다면 도대체 뭘 하고 있었단 말인가?

박근혜 대통령은 일벌백계를 천명하고, 국방부는 살인죄 적용을 검토하고 있지만, 군의 위상추락은 쉽게 돌이킬 수 없을 것 같다. 사건이 터지면 숨기기에 급급한 군의 민낯이 드러나서 국민의 불안감이 최고조에 달해 있다. 묻힐 뻔한 윤 일병의 억울한 죽음을 수면위로 올린 것도 가족이었다. 의사인 매형이 시신에 난 상처를 조사해달라고 국가인권위원회에 진정했고, 군법무관 출신 변호사인 외삼촌이 조사해 사건의 전모가 드러난 것이다.

국토방위를 책임진 군이 이래서는 안 된다. "참으면 윤 일병, 못 참으면 임 병장"이라는 말이 유행어처럼 떠돈다. 폭력이 일상화 되면서 폭력이 잘못이라는 생각을 전혀 못하고 있는 것이다. 군의 질서가 폭력을 동반해야 유지된다는 것은 일제가 심어 놓은 식민근성이다. 기강과 질서는 폭력으로 잡을 수 있는 것이 아니라 충성심으로 단합하고, 스스로 주어진 의무를 다할 때 확립 된다.

이 모든 사건은 국방부의 허술한 관리체계와 군 당국의 병사관리부실의 문제다. 입영과정에서 복무 부적합 판정을 받은 사람을 제대로 걸러내지 못했고, 군대 내에서 정신적 어려움을 겪는 병사들을 치료할 수 있는 여건이 조성되어 있지 않아서 발생한 것이다. 6월에 발생한 GOP총기난사사건의 주범인 임 병장도 부적합 대상으로 분류된 병사였고, 윤 일병 사건의 주범인 이모 병장도 징병심리검사 당시 심리이상자로 분류됐으며, 공격성이 강하다는 경고가 있었다.

또한 우리 군의 폐쇄적인 조직문화도 문제다. 군의 인권침해에 대한 우려가 커진 가운데 인권피해자를 돕기 위해 개설되었고, 국가기관인 국가인권위원회가 예산을 지원한 시민단체 군 인권센터 '아미콜'을 병사들이 쓰지 못하도록 군 당국이 조직적으로 방해했음이 드러났다. "'아미콜'을 이용하면 군인복무규율 제25조를 위반한다." 는 점을 장병들에게 상기시킬 것을 명령한 것으로 밝혀졌다. 가혹행위로 고통을 받는 장병이 극단적인 선택을 하지 않도록 하기 위해 고안된 것인데 내부의 일이 밖에 알려지는 것을 두려워 금지한 것이라는 의심을 지울 수가 없다.

군에 만연한 부정을 걷고, 위기에 처한 국가를 구하는 획기적인 대책이 절실하다. 호시탐탐 전쟁을 노리는 전쟁미치광이 아베가 도사리고 있고, 성숙하려면 아직 많은 시간이 필요한 북한의 김정은이 노려보고 있는 때에 군의 기강해이를 이대로 좌시해서는 국가의 존립이 위태롭다. 도덕불감증에 빠진 조직문화를 일신해야 한다. 국가를 지키겠다는 충성심과 조직을 바로 세우겠다는 정의감이 없다면 모두 빈껍데기에 불과하다. (2014. 8. 11.)

정의를 향한 적극적인 리더십이 필요하다

우리나라는 경제적 가치와 발전논리를 앞세워 생명을 경시하는 풍조가 만연해 있다. 세월호 사고도 결국 이익의 극대화를 노린 해운사의 무리한 개축과 과도한 화물 선적이 발단이 되었고, 해피아를 비롯한 관피아의 농간에 놀아나다 사건을 키웠다. 국민도 나와 내 가족이 피해를 입지 않았으니 됐다는 생각으로 재빨리 기억에서 지워버려 진상규명과 책임자 처벌이 요원하다. 정부의 무능과 무책임이 사건을 키운 셈인데, 이대로 방치하면 내 가족도 참변을 당할지 모른다는 생각은 하지 않고 이제 잊을 때가 되었다고 말한다.

세월호 사건은 가볍게 넘길 사고가 아니다. 오죽하면 프란치스코 교황이 잊지 않겠다고 말씀하였겠는가? 세월호 사고가 터진 직후 김진태 검찰총장이 간부회의에서 "돼지머리수사가 필요하다"고 말한 것을 주시할 필요가 있다. 참사의 책임을 나눠질 희생양으로 유병언을 지목했고, 수사에 매진하는가 싶더니, 순천 매실 밭에서 발견된 시신이 유병언이라며 공소권 없음으로 마무리하려고 한다. 그렇다면 유병언이 왜, 어떻게, 무엇 때문에 죽었는가? 세월호 사건의 진상규명은 언제, 어떻게 할 것이며, 국민의 생명이 걸린 제도적 보완은 언제까지 방치할 셈인가?

각종 의혹만 증폭되고 있는 현실이 안타깝다. 민심을 외면하는 정부도, 청와대만 바라보는 새누리당도, 7.30 재보선에 참패하자 덜컥 빈껍데기 수사권과 기소권이 있는 세월호 특별법을 합의해줘 분란을 일으키고 있는 새정치연합도 믿을 수가 없다. 여론이 악화하자 박영선 원내대표가 재협상 카드를 들이밀며 슬그머니 민생법안처리와 연계하려고 하니 새누리당이 민생을 외면한 구태정치라고 발끈하고 있다. 참으로 웃기는 얘기다. 그렇게 민생이 걱정된다면 한발 물러서서 새정치연합과 유가족의 의견을 받아들여 세월호 특별법을 합의하면 될 것이 아닌가?

세월호 사건 수습과정을 보면 박 근혜 정부는 믿을 것이 하나도 없다. "유씨 별장에 비밀공간이 있다."는 시민의 제보를 무시하고, 그런 전화가 없었다고 거짓말한 경찰을 방치하는 정부의 태도도 못마땅하다. "114이용사실증명원"을 발급받아 제시함으로 허위사실이 입증되고 경찰의 거짓해명이 드러났는데도 달라진 게 별로 없다. 또 일본 산케이신문의 선정적인 보도로 논란이 되고 있는, 세월호 사고가 발생한 날 박근혜 대통령의 행적을 왜 시원스럽게 밝히지 못하고, 산케이신문에 법적책임을 묻겠다던 청와대가 왜 강경한 입장에서 한발 물러났는가? "제3자 고발사건이 있기 때문에 예의 주시하겠다."는 청와대 대변인의 말은 참으로 생뚱맞다. 설사 외교문제로 비화하더라도 부정적인 시각으로 보고, 박근혜 대통령을 폄훼했다면 언론의 자유를 넘은 망발이라고 하지 않을 수 없기 때문에 청와대가 적극적으로 나서서 법적 책임을 물어야 하지 않는가? 어차피 우리는 일본과 가까울 수 없는 사이이고, 또 가까이 해서도 안 된다.

박근혜 대통령이 변하지 않으면 박근혜 정부엔 희망이 없다. 이 암담한 상황에선 프란치스코 교황처럼 스스로 자세를 낮추고 힘없는 사람을 위로하며, 정의를 향하는 적극적인 리더십이 필요하다. 군과 경찰에 만연한 비리를 척출하고, 가난한 사람과 자기 목소리를 내지 못하는 사람을 배려하는 것이 최상의 정치이다. 권력이 오만하면 이내 썩어버려 결국 흔적 없이 사라진다. 제발 눙치지 말고 유족이 원하는 세월호 특별법을 받아들여라. (2014. 8. 17.)

꼼수정치의 전형을 보다

7.30 재보선을 끝으로 당분간은 선거가 없는 무정치의 계절이 왔다. 그래서 정부는 국민을 의식하지 않고 자신들의 입맛에 맞는 정책을 거침없이 펼치며, 온갖 꼼수가 기승을 부린다. 그동안 미뤄놨던 난제를 꺼내들고 너스레를 떨며 기득권 확보를 위해 안간힘을 쓰는 것이 눈에 훤히 보인다. 물가인상이 기다리고 있고 증세가 꿈틀댄다.

보건복지부가 담배값 2,000원 인상을 추진하는 것에 대해 한국담배소비자협회가 전형적인 서민증세라고 반발하고 있다. 국민건강증진과 청소년흡연율감소를 위해서라나, 어쩐다나, 입에 발린 명분을 드밀며 지껄여대지만 실질적인 목적은 부자감세로 줄어든 세수보전을 위한 서민증세가 맞다. 예상치 못한 기습인상으로 화를 삭이지 못해 순간적으로는 금연자수가 증가할 수 있을지는 모르지만 흡연습관을 바꾸는 데는 크게 기여하지 못할 것이다. 결국 절대로 증세가 없다던 정부의 약속이 물거품이 되는 셈이고, 담배가격인상이 끼어 넣기 식 증세라면 추진 중인 주민세와 자동차세 인상은 본격적으로 서민의 지갑을 노린 약탈 증세이다.

이명박 정부에서 감행한 부자감세의 원상회복이 재정확보에 가장 큰 도움이 될 것이란 걸 알면서도 일부러 능청을 떠는 건지, 서민의 지갑만 노리는 박 근혜 정부가 원망스럽다. 서민의 가계는 날로 위축되고 있는데 반해 재벌들이 비축한 잉여금은 천문학적인 규모로 늘어나고 있다. 그러나 박 근혜 정부는 가계부채가 1,000조원을 넘어 언제 터질지 모르는 시한폭탄임에도 불구하고 부동산시장을 활성화 한답시고 각종 금융규제완화정책을 내놓는다.

지난 9월 1일엔 주택시장 활성화대책으로 재건축을 가로막는 각종 규제를 사실상 다 풀었다. 매매활성화와는 아무런 관계가 없는 부자특례 꼼수라는 지적이 있지만 정부는 눈 하나 꿈쩍하지 않는다. 정부는 1987년부터 1991년 사이에 준공된 아파트의 경우 서초, 송파, 강남, 3구가 차지하는 비중이 15%에 불과하다고 하지만, 부동산정보업체 '부동산 서브'가 제시한 정보에 의하면 1987년부터 1990년까지 증축된 아파트가 목동을 제외하면 모두 강남 3구에 몰려있다. 결국 부자들을 위한 규제완화가 아니고 무엇인가?

꼼수정치의 전형은 일자리문제에서 불거졌다. 공공부문의 비정규직을 줄이기 위해 외주업체에 고용된 인력에게 공공부문의 업무를 맡겼다. 공공기관 경영정보시스템 '알리오'에 따르면 지난 해 365개 공공기관 소속 외부 인력이 2009년 대비 18,7%나 증가했다. 외부업체가 고용한 인력은 해당기관에 직접 고용되지 않았기 때문에 비정규직을 정규직으로 전환하려는 정부의 공공부문 인력대책 대상에서 제외되니까 이렇게 꼼수를 부린 것이다. 공공부문의 비정규직을 줄이겠다는 공약이 허언이었음을 자인하는 셈이다. 또한, 4월에 내놓은 중소기업에 장기 재직한 고졸근로자에게 근속 장려금을 주고, 군복무 후 재고용하는 기업에게 고용 장려금을 지급하여 2017년까지 청년일자리 50만개를 창출한다는 청년고용대책도 가장 시급한 대졸 실업자에 대한 대책이 없어서 알맹이가 빠진 꼼수이다.

도대체 어디까지 믿고 살아야할지 모르겠다. 어찌하여 박 근혜 정부는 정도를 걷지 않는 것인가? 무엇 하러 어물어물 넘기려 하고 서민에게 다가서는 것을 주저하는가? 친 재벌정책으로는 결코 경기활성화를 이룰 수 없다는 것을 진정 모르는가? 서민의 일자리를 늘려서 서민이 지갑을 열어야 경기가 제대로 돌아가고 불황에서 탈출할 수가 있다는 것을 진정 모르는가, 아니면 알면서도 일부러 능청을 떠는가? 제발 서민을 위한, 서민에 의한, 서민의 정치를 펼치길 간절히 바란다. (2014. 9. 13.)

자살공화국

대한민국의 자살률이 세계에서 가장 높다는 것은 이미 알고 있었지만 이 정도까지일 줄은 몰랐다. 인구 10만 명당 28.5명으로 OECD 평균 12,1명에 비해 2.3배나 높고, 자살사망자수가 하루에 40명에 이른다니, 어찌 참담하다고 말하지 않을 수 있으랴! OECD 회원국 중에서 자살률 순위 2, 3위인 일본과 폴란드가 20.9명, 15,7명인 것에 비해도 월등히 높은 수치이다.

한 동안 감소세를 보이던 자살사망자수가 2013년에 부쩍 늘었다. 2012년에 대비 1.5%가 증가했고, 2003년에 비하면 26.5%나 증가했다. 남자의 경우엔 더 심해 여자의 2.3배에 달한다. 여자 자살사망자수가 17.3명인데 남자 자살사망자수는 무려 39.8명이나 된다.

대한민국의 미래가 불투명하다. 10대, 20대, 30대의 사망 원인 1위가 자살이라는 사실은 참담함을 넘어 절망적이다. 우리의 미래를 걸머질 청년들이 자살로 내몰리는 현실이 너무도 안타깝다. 무서울 것도 없고, 거칠 것도 없는 시절의 젊은이들이 자살을 선택할 수밖에 없는 현실이 너무 서글프다. 꿈과 용기를 북돋아줘야 할 국가는 도대체 어디에서 무엇을 하고 있는지 모르겠다. 피터지게 공부해 명문대학을 나왔지만 마땅히 갈 곳이 없다. 20대 태반이 백수라는 "이태백"의 시대, 고학력미취업자 대책에 뒷짐을 지고 있는 정부가 원망스럽다. OECD가 펴낸 "한눈에 보는 사회 2014"에 의하면 한국의 실업률은 3.3%로 OECD 평균 실업률 9.15%보다 훨씬 낮지만, 고용율은 오히려 64.2%로 OECD 평균보다 0.8%나 낮다. 더군다나 15—29세 청년층의 고용율은 39.7%로 낮아도 너무 낮다. 고용율은 낮추지만 실업률 통계에는 포함되지 않는 NEET족의 비율이 높기 때문에 실업률만 낮은 셈이다. NEE족 비율은 24%로 OECD 회원국 중 그리스, 터키에 이어 우리나라가 3위라는 사실이 더 걱정스럽다.

우리나라는 OECD 회원국 중 노동시간은 가장 길고, 근로소득수준도 형편없이 낮다. 근로자 4명 중 1명은 최저임금도 받지 못한다. 2012 국세청신고 근로소득자 1577만 명중 412만 명이 주 40시간 적용기준, 957,220원밖에 벌지 못한다. 물가상승률을 반영한 근로자 실질임금 상승률도 5분기 연속 하락하다가 지금은 0%대이다. 2013년 2분기 3.4%, 3분기 2.5%, 4분기 2.1%, 2014년 1분기 1.8%, 2분기 0.99%이다. 디플레이션이 우려될 만큼 물가상승률이 낮은 상태에서 노동자의 실질임금은 상승률이 0%대이고, 명목임금 상승률조차도 0.1%밖에 안 되니 청년들이 어떻게 꿈을 가질 수 있겠는가? 더군다나 정규직이 줄고 비정규직이 늘어나는 추세이다 보니 청년들의 상대적 박탈감이 극에 달한 상태이다. 근로자 상위 10%의 평균임금은 9,536만원에서 1억 1,075만으로 상승했는데, 하위 10%는 오히려 1,160만원에서 1,089만원으로 떨어져 소득불평등까지 심화돼 청년들은 몰려드는 좌절감을 피할 수가 없다.

이런 상황에서 젊은이들이 건전하길 바랄 수는 없다. 이런 참담한 상황을 모르쇠하고 담배 값과 주민세, 자동차세 인상 등 서민증세에 혈안인 박근혜정부가 원망스럽다. 대기업의 비축잉여금이 천문학적 규모라는 것을 알면서도 법인세는 환원하지 않고 서민의 지갑만 노린다. 경기활성화를 위해서라고? 말도 안 되는 거짓부렁이다. 진정으로 경기를 살리고 싶다면 서민이 지갑을 여는 정책을 펼쳐야한다. 고용을 늘리고, 비정규직을 정규직으로 전환하고, 임금을 올리면 된다. 그러면 경기가 살아나고 청년층의 자살률도 현저히 떨어질 것이다. 제발 박 근혜 대통령은 재벌을 그만 바라보라! (2014. 9. 28.)

아버지와 아들의 만행

박근혜 정부는 시계바늘을 거꾸로 돌리고 있다. 독재시대를 찬양하는 것을 넘어 일제 강점기를 미화하는 인사들을 등용하는 등, 아예 미래를 포기하는 것 같다. 지금이 어느 시대인가? 용공의 올가미를 씌워 사람들을 억압하고, 언론조작으로 국민의 사상을 바꿀 수 있는 시대인가? IT강국인 한국은 국민의 눈귀를 막아 국민을 제멋대로 통제할 수 있는 국가가 아니다.

"아버지는 역사훼손, 아들은 국적포기"라는 비난을 받고 있는 유영익을 국사편찬위원장에 임명하는 것은 백번을 양보해도 잘못된 처사이다. 역사는 과거가 아니라 미래의 내 삶이다. 잘못된 역사교육은 민족의 정체성을 말살하고, 반역자를 길러 결국 조국을 망국의 길로 인도한다. 한국인을 짐승 같은 저열한 상태에 빠진 사람이라고 말하는 사람을 공직에 앉혀서 되겠는가? 그것도 정신문화의 근간인 역사를 관장하는 국사편찬위원장에 임명하는 것은 지탄받아 마땅하다. 인사가 만사라 하지 않던가? 능력도 충성심도 좋지만 먼저 그들의 마음을 헤아려야한다. 마음속에 도사리고 있는 야수본능을 파악하지 못하고 낙점하면 파국을 맞을 것이 자명하다. '아니오.'를 외칠 줄 아는 사람, 애민애족 정신이 충만한 사람, 국가관이 또렷한 사람을 등용해야지 겉으로 드러난 스펙과 충성심만 믿고 선택하면 결코 다가오는 멸망을 피할 수가 없다.

박근혜 정부가 최근에 임명한 공직자들 중, 아들이 한국국적을 포기한 자가 16명이나 되고, 그들이 아들의 결정을 존중하지 않을 수 없었다고 하는 말을 듣고 필자는 가슴이 너무 아팠다. 병역문제든 아니든, 대한민국의 국적을 포기하는 자녀를 당연하게 받아들이는 사람을 공직에 등용하는 것이 과연 옳은 처사인가? 자신의 이익을 위해 국적을 내던지는 아들의 행동을 개인의 자유로 치부하고, 아들의 잘못된 행동을 바로잡지 못하는 사람이 어떻게 공직을 잘 수행할 수 있겠는가?

양심이 있는 사람이라면 아들을 설득하지 못한 죄를 국민 앞에 고하고 공직을 내놓아야 한다. 고위공직자가 되려면 아들의 결정을 존중하기보다 국가의 의무를 중히 여겨야하기 때문이다. 더욱이 병역을 피하기 위한 선택이었다면, 그런 매국적인 범죄행위를 절대로 좌시할 수 없다. 다시는 대한민국 국적을 회복할 수 없도록 조치하고, 그런 반역행위를 눈감아준 아버지라면 지금 당장 파면하고 의법 조치해야한다. 국민이 조금만 정부의 조치에 반대해도 '종북이네, 좌빨이네,' 난리를 피면서 힘없고 돈 없는 사람은 군대에 가고 고위층의 아들은 갖은 꼼수로 군대에 가지 않는 나라가 무슨 정상적인 민주국가인가? 그런 논리라면 종북세력에게 나라를 지키게 하겠다는 말이지 않는가?

또한, '천안함 프로젝트'를 상연하지 못하게 하는 것도 온당한 처사가 아니다. 설사 영화 속의 사건이 다소 허구적이라고 하더라도 그것은 작가의 사상이고 관람자가 판단할 문제이다. 예술작품을 권력의 잣대로 재단해서는 안 된다. 허위사실이 있다면 조목조목 지적하고 법의 심판에 맡기는 것이 옳은 일이다. 표현의 자유를 억압하는 것은 민주주의 국가가 취할 행동이 아니다.

이러한 반시대적인 정책이 계속되고 있으니, 세계적인 언어학자 촘스키(Noam chomsky)를 비롯한 미국의 진보적인 지식인 57명이 우리나라를 향해 '정치탄압중단성명서'를 발표했다. 그들은 '새누리당과 국정원이 정치권에서 진보적인 목소리를 축출하기 위한 마녀사냥에 주력하고 있다'고 지적했다. '일본 식민지배 및 반공주의 이승만 정권의 잔재인 국가보안법이 아직도 효력을 발휘하고 있고, 모든 국가정책에 대한 반대의견을 탄압하는데 주로 사용되어왔다'고 주장하고 있다. 참으로 대한민국에 태어난 것이 창피하고 이 정부가 원망스럽다. 제발 시계바늘을 거꾸로 돌리지 마라! (2013. 10. 24.)

실종된 정치

이명박 정부의 실정은 드러난 사실만으로도 참담하기 이를 데 없다. 22조원을 들인 4대강 사업은 애물단지로 전락했고, 자원외교에 26조 884억 원을 쏟아 부었지만 회수한 것은 달랑 3조 6,698억 원 뿐이다. 김대중 전 대통령에서 노무현 전 대통령으로 이어진 민주정부 10년 동안 조성한 남북화해기류를 뒤집어엎고 통일의 기회를 몰아낸 것이나 굴욕적인 대일외교는 참담, 그 이상이다.

4대강 사업은 死大江 사업이었다. 쓸데없는 보 건설로 녹조현상이 위험수위에 도달했고, 역행침식이 가속화 되어 금강 지천은 매우 심각한 상황이다. 강바닥 준설로 강 본류의 수위가 낮아져 본류로 흘러드는 지천과의 낙차가 커지면서 물살이 빨라져 강바닥과 기슭이 무너져 내렸다. 대전 환경운동연합에 따르면 대교천, 한림천, 용수천, 심정천에서 역행침식현상이 발견되었고, 대교천은 금강과 만나는 합류지역에 건설된 보행교 상류방향으로 약 1.7Km까지 침식이 진행되고 있으며 높이가 4m, 길이가 600m정도라고 한다.

여기가 끝이 아니다. 이 애물단지를 유지하는데 들어가는 추가

비용이 일 년에 5,051억 원이나 된다. 특히 한국수자원공사는 4대강 사업으로 진 8조원의 빚으로 이자만도 년 평균 3,182억 7천만 원을 지불해야한다. 정부가 수자원공사를 끌어들였기 때문에 2013년부터 2015년까지는 국가재정으로 충당해야하고, 만약 수자원공사가 원금을 갚지 못하면 이후에도 계속해서 정부가 지급해야할 것이다.

일본 아베정부가 노골적인 전쟁준비와 독도침탈을 획책하고 있는 것도 이명박—새누리당 정부의 저자세 외교 탓이다. 일본인의 혐한감정이 폭발하고 있는 시점에 독도를 방문한 이명박 전 대통령의 행동도 어처구니가 없다. 일본과 군사협력을 추진한 것에 대한 야당의 거센 반발을 무마하려는 정치적인 행동이라고 생각되기에 더 불쾌하다. 신의라고는 눈곱만큼도 없는 야수집단, 일본과 군사협력이라니 이는 섶을 지고 불구덩이에 들어가는 것과 무엇이 다른가?

새누리당은 독도문제를 해결할 의지도 능력도 없다. 독도가 분명히 우리나라의 영토임에도 불구하고, 독도를 "국제적으로 공인된 분쟁지역"이라고 말한 하 태경을 국회의원에 공천한 것이나 일본과의 외교마찰을 피하기 위해 독도 입도지원시설물 시공 계획을 철회한 것을 보면 아베정부의 재침 전략을 용인하는 것과 전혀 다르지 않기 때문이다.

새누리당 정부 10년은 골든타임이 아니라 골(병)든타임일 가능성이 높다. 이명박 정부는 이룬 것이 하나도 없다. 박근혜 정부는 이명박 정부가 싼 똥을 치우기에도 시간이 빡빡하다. 그렇다면 이런 참담한 상황을 인지하면서도 박 근혜 정부는 이명박을 저대로 놓아둘 것인가? 4대강의 보를 허물어 예전처럼 강물을 흐르게만 해도 한 해에 766억 2천억 원을 절약할 수 있다는 死大江 사업과 국가재정을 탕진한 자원외교 실패를 도대체 왜 치죄하지 못하는가? 필자는 박근혜 정부의 이 점에 가장 울화가 치민다. 이는 정치보복이 아니다. 재정을 탕진한 담당자를 치죄하는 것은 당연한 의무이며 도리이다. 야당도 마찬가지다. 무엇이 두려워 이명박 정부의 치죄에 적극적이지 않는가? 이보다 더 무책임한 정치는 없다. 이것은 정치의 실종을 의미한다. 정치적 실수를 반복하지 않기 위해서는 부당한 정책에 대한 응징이 반드시 필요하다. (2014. 11. 2.)

아들아, 거기에서 나와라

이완순 칼럼집

발 행 일 | 2015년 3월 28일
지 은 이 | 이완순
발 행 인 | 李憲錫
발 행 처 | 오늘의문학사
출판등록 | 제55호(1993년 6월 23일)
주 소 | 대전광역시 동구 대전로 867번길 52(한밭오피스텔 401호)
전화번호 | (042)624-2980
팩시밀리 | (042)628-2983
홈페이지 | http://www.lito77.co.kr(홈페이지)
전자우편 | hs2980@hanmail.net

공 급 처 | 한국출판협동조합
주문전화 | (070)7119-1752
팩시밀리 | (031)944-8234~6

ISBN 978-89-5669-672-0
값 18,000원